簿記知識ゼロから

決算書・キャッシュフロー・CVP分析（損益分岐点分析）を理解する方法

税理士　松田修 [著]

税務研究会出版局

# は　し　が　き

　原材料費、仕入価格、燃料費などの高騰、インフレ、円安など経済環境の厳しい時代には、全ビジネスパーソンに求められるのは、「**会計知識**」です。

　これからの時代は会社の数字を語れるビジネスパーソンを少しでも多く養成し、会社の現状分析、将来予測をそれぞれがしてリスクを避けてビジネスをしていく必要があります。

　ところで、以下のような「会計知識」を身に付けたいと思ったことはありませんか？

・決算書を読みこなし、経営分析を通じて会社の強み・弱みを把握して、会社の財務体質を改善していきたい

・資金繰り・キャッシュフローをマスターして「資金繰りの安定した良い会社」を作っていきたい

・損益分岐点売上の計算（CVP分析）から利益が出る構造を理解し、またそこに手を打っていきたい

・新規事業・新規プロジェクトを立ち上げる際、実施するか中止するかの「事業の採算性」を見極めたい

　上記を解説している書籍も多数ありますが、会計初心者が読むと難しく感じることが多いと思います。その理由はこれらの会計知識は簿記を基礎にできあがっているため「簿記知識」が乏しい状態で本を読んでも十分な成果が得られないからです。

　そこでまず重要となるのは、「**簿記**」の知識です。

経理担当以外の社員は「簿記」は難しいと敬遠してきた人が多いと思いますが、検定試験で求められるような難易度の高いものではなく、**ほんの一部の重要な項目を押さえれば、決算分析、キャッシュフロー、損益分岐点は理解できるようになります。**

　本書は簿記知識がない方が、ゼロから決算書の経営分析や資金繰り（キャッシュフロー）の計算方法、損益分岐点分析（CVP分析）などを行えるよう豊富な事例問題を使って解説しました。

　必要最低限の簿記の知識を押さえて、「**会計センス**」を高め、これからの厳しいビジネス環境を生き残るための能力を身に付けるための1冊です。

　本書が皆様の「会計知識」習得の一助になりましたら、著者としてこれに勝る喜びはありません。

　最後になりますが、株式会社税務研究会出版局の桑原妙枝子さま、下山瞳さまをはじめ関係者の皆様にはひとかたならぬご尽力をいただきました。紙面を借りまして心からお礼を申し上げます。

令和6年6月

税理士　**松　田　　修**

# 目　　次

## 第1章　簿記入門 編

**1．簿記の2つの最終目的をしっかり理解する** ················ 2

**2．貸借対照表と損益計算書の仕組みと役割** ··················· 4

(1)　貸借対照表（B/S）を理解する3つの構造 ················ 4

(2)　損益計算書（P/L）に計上されるものを理解しよう ········ 8

　　コラム　簿記はいつ、どこで誕生したか？ ················ 11

　　コラム　「借方」「貸方」、昔は意味があった？ ··············· 12

**3．簿記を理解する大前提、「勘定科目」の意味を
理解しよう** ·········· 13

(1)　勘定科目の内容を理解しよう ················ 13

(2)　勘定科目リスト ················ 14

　①　貸借対照表（B/S）に表示される勘定科目 ·············· 14

　　学習のポイント　「商品」と「製品」の相違点 ················ 17

　　学習のポイント　「売掛金」と「未収入金」、「買掛金」と「未払金」

　　　の共通点と相違点 ················ 17

　　　学習のポイント　勘定科目は、原則「送り仮名（おくりがな）」

　　　を省略 ················ 18

　②　損益計算書（P/L）に表示される勘定科目 ·········· 19

　　学習のポイント　「備品」と「消耗品費」の実務上の処理 ········ 23

**4．簿記上の「取引」について理解しよう** ················ 24

**5．現金の増減を帳簿に記入してみよう** ················ 27

　　コラム　「簿記」という名前の由来 ················ 31

**6．簿記の帳簿記入と計算のルールを再確認しよう** ········ 32

**7．勘定記入の法則をマスターしよう** ················ 34

## 8. 苦手意識を持たずに仕訳ができる「意外と簡単仕訳法」……………… 37

(1) 「仕訳」のヒント ………………………………………………………… 37

(2) まずは簡単な「現金取引」の仕訳から挑戦！ ………………… 40

**学習のポイント** 商品売買の処理　分記法と三分法(1) ………………… 53

**学習のポイント** 商品売買の処理　分記法と三分法(2) ………………… 54

(3) もう少し難しい「仕訳」に挑戦してみよう ………………… 55

**学習のポイント** 会社間取引は「信用取引」、ただし、回収不能

（貸倒れ）に注意！ ………………………………………… 59

**学習のポイント** 「仕入諸掛り」と「売上諸掛り」の処理 …………… 65

**コラム** 「租税公課」の意味は？ ……………………………… 71

**学習のポイント** 源泉所得税、住民税の納付期限 ……………………… 84

**学習のポイント** 社会保険料の納付期限 ………………………………… 85

**学習のポイント** 新入社員の社会保険料と住民税 ……………………… 86

**学習のポイント** 「費用」と「損失」の違い ………………………… 87

## 9. 決算業務──売上原価の計算方法、減価償却をマスターしよう ……………… 88

(1) 決算業務の内容を理解しよう ……………………………………… 88

(2) 「売上原価」の計算時期 …………………………………………… 89

(3) 「売上原価」の計算方法 …………………………………………… 90

(4) 損益計算書（P/L）の記載方法 ………………………………… 92

**学習のポイント** 実務では「売上原価」を月次又は四半期で

計算する ……………………………………………………… 93

**コラム** 「実地棚卸」とは？ ……………………………………… 93

(5) 「減価償却」を理解しよう ………………………………………… 94

**学習のポイント** 減価償却で使われる用語 ……………………………… 97

**コラム** 実務経理での減価償却費の計算 ……………………… 99

(6) 減価償却の仕訳を確認しよう …………………………………… 100

**学習のポイント** 期の中途で取得した場合は「月割り」で減価

償却費を計算 ・・・・・・・・・・・・・・・・・・・・・・・・・・・・・・・・・・・・・・・・・・・・・・・・・ 103

# 第2章　決算書の見方・読み方、経営分析 編

**学習のポイント** 主な決算書とは？　誰がどのように利用するか？ ・・・・ 107

## 1．損益計算書の見方・読み方と経営分析 ・・・・・・・・・・・・・・・・・・・・ 109

(1) 売上高、売上原価及び売上総利益 ・・・・・・・・・・・・・・・・・・・・・・ 111

**学習のポイント** 事業年度とは ・・・・・・・・・・・・・・・・・・・・・・・・・・・・・・ 112

(2) 販売費及び一般管理費 ・・・・・・・・・・・・・・・・・・・・・・・・・・・・・・・・・ 112

(3) 営業利益 ・・・・・・・・・・・・・・・・・・・・・・・・・・・・・・・・・・・・・・・・・・・・・・・ 113

(4) 営業外収益、営業外費用と経常利益 ・・・・・・・・・・・・・・・・・・ 114

(5) 特別利益、特別損失、税引前当期純利益 ・・・・・・・・・・・・・・ 114

(6) 法人税、住民税及び事業税と当期純利益 ・・・・・・・・・・・・・・ 115

**コラム** 2000年、（株）光通信の株価急落 ・・・・・・・・・・・・・・・・・・・ 116

**学習のポイント** 損益計算書（P/L）の5つの利益 ・・・・・・・・・・・・・・ 117

(7) 当期の決算を一言で総括する――増収と減収、増益と

減益 ・・・・・・・・・・・・・・・・・・・・・・・・・・・・・・・・・・・・・・・・・・・・・・・・・・・ 119

**学習のポイント** 決算の4つのパターン ・・・・・・・・・・・・・・・・・・・・ 121

(8) 増収・減益の理由は ・・・・・・・・・・・・・・・・・・・・・・・・・・・・・・・・・・・ 122

**学習のポイント** 経営分析は時点分析――決算書・経営分析の

限界 ・・・・・・・・・・・・・・・・・・・・・・・・・・・・・・・・・・・・・・・・・・・・・・・・・・・ 124

(9) 売上原価率と売上総利益率 ・・・・・・・・・・・・・・・・・・・・・・・・・・・ 125

**学習のポイント** 「売上原価率」と「売上総利益率」はセットで

見る ・・・・・・・・・・・・・・・・・・・・・・・・・・・・・・・・・・・・・・・・・・・・・・・・・・・ 128

(10) 営業利益率と売上高経常利益率 ・・・・・・・・・・・・・・・・・・・・・・・ 129

**学習のポイント** 営業利益率と売上高経常利益率 ・・・・・・・・・・・・・・ 132

(11) 営業利益に占める正味支払金利の割合 ・・・・・・・・・・・・・・・・・ 133

目次　5

| コラム | マイカル倒産の予兆は2年以上前から決算書に |
|---|---|

　　　　表れていた ……………………………………………… 136

| 学習のポイント | 営業利益に占める正味支払金利の割合を下げる |
|---|---|

　　　　方法 …………………………………………………………137

## 2．貸借対照表の見方・読み方と経営分析 …………… 139

　⑴　流動資産とは ………………………………………………… 141

　⑵　固定資産とは（有形固定資産、無形固定資産、投資

　　　その他の資産）………………………………………………… 142

　⑶　はたして資産？　繰延資産の正体 ………………………… 143

　　| 参　考 | 会社法上の繰延資産とその内容 …………………… 146 |
|---|---|

　　| 学習のポイント | 貸借対照表（B/S）　資産を見るポイント ………… 147 |
|---|---|

　⑷　流動負債とは ………………………………………………… 148

　⑸　固定負債とは ………………………………………………… 149

　　| 学習のポイント | 「資産」「負債」の概要 …………………………… 149 |
|---|---|

　⑹　純資産とは …………………………………………………… 150

　⑺　純資産（自己資本）の内容と純資産（自己資本）を

　　　大きくする方法 ……………………………………………… 154

　　| 学習のポイント | 純資産（自己資本）の内容のまとめ ……………… 156 |
|---|---|

　　| 学習のポイント | 「自己資本比率」でわかる会社の財務体質 ……… 157 |
|---|---|


# 第3章　資金繰りとキャッシュフロー 編

## 1．資金繰り、キャッシュフローの重要性 ……………… 164

## 2．現金預金（キャッシュ）があれば、会社は潰れない … 166

　　| 学習のポイント | 黒字でも倒産する？ ……………………………… 167 |
|---|---|

## 3．現金預金が増加する原因、減少する原因 …………… 168

　⑴　現金預金が増加する仕組み ………………………………… 168

　　| 学習のポイント | 現金預金の増減原因 ……………………………… 175 |
|---|---|

(2) なぜ資金繰り（キャッシュフロー）は4つに
分類されるか ……………………………………………… 176

(3) 利益が出ても現金預金がないのはなぜか ……………… 177

(4) キャッシュフロー（資金繰り）を良くする4つの原因の
優先順位 …………………………………………………… 178

　　コラム　バブル経済までの経営は楽だった？ ……………… 179

(5) 決算書から現金預金（キャッシュ）増減の要因を見る … 179

## 4. 総資産経常利益率（ROA） ……………………………… 187

　　コラム　総資産経常利益率とは ……………………………… 187

## 5. 総資産経常利益率（ROA）の改善方法 ……………… 191

## 6. 業種ごとの総資産経常利益率（ROA）の改善方法 … 195

(1) 製造業（メーカー）、建設業 …………………………… 195

(2) 小売業、飲食業 …………………………………………… 197

(3) 卸売業、商社、量販店、サービス業 …………………… 198

　　学習のポイント　総資産経常利益率（ROA）と資金繰りの関係 …… 200

## 7. キャッシュフロー計算書の見方・読み方 ……………… 201

(1) キャッシュフロー経営とは ……………………………… 202

(2) 甘い決算、辛い決算 ……………………………………… 203

(3) キャッシュフロー計算書の区分 ………………………… 203

(4) 「営業活動によるキャッシュフロー」と「投資活動による
キャッシュフロー」との関係 …………………………… 208

(5) 「財務活動によるキャッシュフロー」との関係をみる … 209

(6) キャッシュフローからみる3つの代表的パターン …… 210

(7) フリー・キャッシュフローとは ………………………… 213

　　学習のポイント　4つのキャッシュフローの復習 …………… 217

(8) キャッシュフロー計算書（間接法）とは ……………… 217

　　学習のポイント　キャッシュフロー計算書（直接法）（間接法）の
長所、短所 ……………………………………………… 221

目次　7

# 第4章 損益分岐点売上高の計算、管理会計入門 編

## 1．損益分岐点売上高とは ..................... 224

## 2．損益分岐点売上高の計算方法 ..................... 229

⑴　変動費率、限界利益率の計算 ..................... 230

⑵　固定費、限界利益の記入 ..................... 232

⑶　損益分岐点売上高、変動費の計算 ..................... 232

## 3．なぜ「損益分岐点」を知ることが大切なのか ..................... 240

⑴　損益分岐点売上達成率と安全余裕額 ..................... 240

⑵　損益分岐点比率と安全余裕率 ..................... 244

⑶　「損益分岐点比率」「安全余裕率」等を使っての
アドバイス ..................... 246

## 4．「損益分岐点売上高」をこんなふうに活用しよう
──管理会計入門（損益分岐点の応用計算） ..................... 247

## 5．すべての会社に共通する
「利益を出す3つのポイント」 ..................... 253

> **学習のポイント** 利益を出す3つのポイント！ ..................... 258

## 6．事業の採算性について ..................... 259

## 7．おわりに ..................... 262

※　本書内に記載されている商品名、製品名などは一般に各社の登録商標又は商標です。また、本文中では ®、™ マークは明記しておりません。

# 第1章　簿記入門 編

最初に簿記の基礎を学習していきましょう。これから決算書、経営分析、キャッシュフロー（資金繰り）、損益分岐点売上などを理解するうえでこの簿記知識は必要不可欠です。

　この簿記知識は「検定試験」を受ける方以外は完全に覚える必要はありません。なんとなく理解したという程度で十分です。そして決算書、経営分析、キャッシュフロー（資金繰り）、損益分岐点売上などを学習する際に忘れてしまったら、もう一度振り返って学習してください。「会計センス」は繰り返し学習することで自然と身に付いていきます。

# 1．簿記の2つの最終目的をしっかり理解する

　簿記には2つの目的があります。
　目的の1つ目は「会社の利益を計算する」ことです。「今、自分の会社はいくら利益が出ているか」「今期はどのくらい利益を上げることができたか」は大変重要な情報になります。これらについて簿記の仕組みを使って計算していきます。

　簿記の目的の2つ目は「会社の財産を計算する」ことです。財産には現金預金などのプラスの財産と借入金などのマイナスの財産があります。会社として現在使える現金預金（キャッシュ）がどのくらいあるか、また将来返済しなければならない借入金がいくらあるかを計算するのも簿記の重要な目的になります。

2　第1章　簿記入門編

目的　1　今どれだけ利益が出ているか？

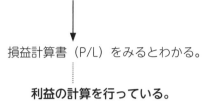

損益計算書（P/L）をみるとわかる。

**利益の計算を行っている。**

目的　2　今どれだけの財産があるか？

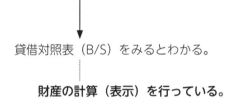

貸借対照表（B/S）をみるとわかる。

**財産の計算（表示）を行っている。**

　会社の利益は、損益計算書（P/L：プロフィット　アンド　ロス　ステイトメント）で計算されます。また、会社の財産は貸借対照表（B/S：バランスシート）で表示されます。

　簿記の最終目的は、損益計算書、貸借対照表という「決算書（決算報告書）」を作成することになります。

　ですから、決算書を理解する際にも、簿記の基礎から勉強するのが近道であり、また、決算書の理解も深まると思います。

# 2．貸借対照表と損益計算書の仕組みと役割

## (1) 貸借対照表（B/S）を理解する3つの構造

　では、貸借対照表（B/S）から見ていきましょう。貸借対照表（B/S）の左側（簿記では左側のことを「借方」（かりかた）といいます。）には「資産」が入ります。

　「資産」は、現金預金、土地などの「プラスの財産」をいいます。日常会話でも「あの方は資産家だ」、「たくさんの資産を所有している」といいますが、その場合の資産と同じ意味です。

　貸借対照表（B/S）の右側（簿記では右側のことを「貸方」（かしかた）といいます。）には「負債」と「純資産」が入ります。

　「負債」は借入金などの「マイナスの財産」をいいます。日常会話でも「あの会社は負債が多い」、「多額の負債を抱えている」といいますし、新聞・テレビなどでも「○○会社が自己破産し負債総額××億円です。」と報道されます。

　貸借対照表（B/S）の貸方（右側）には、もう1つ「純資産」が入りますが、「純資産」についてはP6以降で事例を使って解説していきます。

| （借方） | 貸借対照表（B/S） | （貸方） |
|:---:|:---:|:---:|
| 資　産 | | 負　債 |
| | | 純 資 産 |

4　第1章　簿記入門編

① **資　産**……現金預金、商品、土地などのプラスの財産をいいます。

② **負　債**……借入金、未払金などのマイナスの財産をいいます。

③ **純資産**……資産から負債を差し引いた「正味の財産」をいいます。

　貸借対照表（B/S）は、英語で「バランスシート」といいます。この場合の「バランス」とは「一致している（バランスしている）」という意味です。すなわち借方（左側）と貸方（右側）が一致（バランス）します。

　下記**図表1**の貸借対照表（B/S）を見てください。

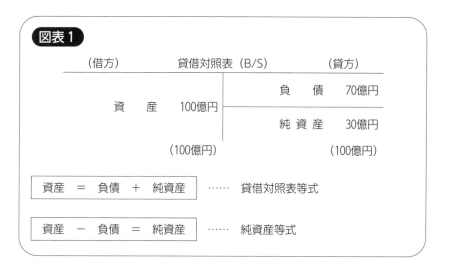

　この会社の資産が100億円、負債が70億円としますと純資産は30億円となります。

　先ほど、貸借対照表（B/S）は借方（左側）と貸方（右側）が一致（バランス）しますと解説しましたが、借方（左側）が100億円ですと必ず貸方（右側）も100億円となります。

算式で示すと以下のようになります。

資産　100億円　＝　負債　70億円　＋　純資産　30億円
（合計　100億円）

| 資産　＝　負債　＋　純資産 | （これを「貸借対照表等式」といいます。） |

また、会社の純資産は、資産から負債をマイナスして計算します。**図表1**の会社は資産が100億円、負債が70億円ですので、純資産は30億円になります。

算式で示すと以下のようになります。

資産　100億円　－　負債　70億円　＝　純資産　30億円

| 資産　－　負債　＝　純資産 | （これを「純資産等式」といいます。） |

先ほど解説しましたように「資産」はプラスの財産、「負債」はマイナスの財産ですので、「資産」から「負債」を差し引いた金額は「純資産」になります。

「正味財産」「純資産」「純財産」などと俗にいいますが、貸借対照表（B/S）では「純資産」という言葉で表しています。

**図表2**の貸借対照表（B/S）を見てください。

この会社の資産が50億円、負債が10億円で純資産は40億円の会社です。
　資産　50億円　＝　負債　10億円　＋　純資産　40億円

　では、**図表1**の会社と**図表2**の会社ではどちらが財務内容は良いでしょうか。

　**図表1**の会社は資産が100億円、**図表2**の会社の資産は50億円ですが、資産で会社の財務内容を比較してはいけません。

　**図表1**の会社の資産は100億円ですが純資産は30億円です。それに対して**図表2**の会社は資産50億円ですが純資産は40億円あり、**図表1**の会社の純資産より10億円多く**図表2**の会社の財務内容のほうが良いといえます。

　このように、会社の財務内容を比較する場合には「純資産」の金額で判断してください。

**「純資産」の金額が多い会社のほうが財務内容は良い会社といえます。**

## ⑵ 損益計算書（P/L）に計上されるものを理解しよう

次に損益計算書（P/L）を見ていきましょう。損益計算書（P/L）は1.で解説したように会社の利益を計算しています。

損益計算書（P/L）の貸方（右側）には「収益」が入ります。「収益」は売上、受取利息など会社の収入をいいます。

「収益」の一番代表的なものは会社の売上になります。会社や商店では製品や商品を販売し、サービス業の会社は顧客に各種のサービスを提供して売上を得ますが、この売上が「収益」の最も代表的なものになります。

損益計算書（P/L）の借方（左側）には「費用」が入ります。「費用」は給料、家賃、水道光熱費、広告宣伝費などの会社の経費をいいます。

| （借方） | 損益計算書（P/L） | （貸方） |
|---|---|---|
| 費　　用 | | 収　　益 |
| （純利益） | | |

① **収　益**……売上、受取利息などの「収入」をいいます。

② **費　用**……給料、家賃、広告宣伝費などの「経費」をいいます。

**図表**3の損益計算書（P/L）を見てください。

|(借方)|損益計算書（P/L）|(貸方)|
|---|---|---|
|費　用　　90億円|  |収　益　　100億円|
|（純利益）　10億円|  |  |
|（100億円）|  |（100億円）|

費用　＋　純利益　＝　収益　……　損益計算書等式

収益　－　費用　＝　純利益　で純利益は計算されます。

　この会社の売上などの収益が100億円、給料、広告宣伝費などの費用が90億円としますと、純粋な利益（純利益）は10億円と計算されます。

　実は、損益計算書（P/L）も借方（左側）と貸方（右側）が一致（バランス）します。

　算式で示すと以下のようになります。

　費用　90億円　＋　純利益　10億円　＝　収益　100億円
　　　　（合計　100億円）

　**費用　＋　純資産　＝　収益**　（これを「損益計算書等式」といいます。）

　また、会社の純利益は収益から費用をマイナスして計算します。**図表3**の会社は収益が100億円、費用が90億円ですので純利益は10億円になります。

　算式で示すと以下のようになります。

収益　100億円　−　費用　90億円　＝　純利益　10億円

**図表4**の損益計算書（P/L）を見てください。

```
┌─────────────────────────────────────────────────────┐
│  図表4                                                │
│                                                       │
│       （借方）        損益計算書（P/L）      （貸方）   │
│    ──────────────────────          ──────────────    │
│       費　　用　　105億円                              │
│                                   収　　益　　100億円  │
│    ──────────────────────                            │
│      （純損失）　△5億円                                │
│                                                       │
│                （100億円）              （100億円）    │
└─────────────────────────────────────────────────────┘
```

　この会社の売上などの収益が100億円、給料、広告宣伝費などの費用が105億円かかっています。このように収益よりも費用が多いことを「赤字」といいます。

　新聞やテレビなどで「〇〇会社が赤字になった」とか「〇〇会社の今期は赤字決算だ」などといいますが、簿記では「赤字」のことを「純損失」といいます。

　ちなみに、費用より収益が多い場合は簿記では純利益といいますが、よくいう「黒字」とは「黒字決算」のことをいいます。

10　第1章　簿記入門編

| コラム | 簿記はいつ、どこで誕生したか？ |

　ローマ時代（紀元前）の古代彫刻に商業帳簿が彫られていることが確認されており、簿記の歴史は古代まで遡るといわれています。しかし、その当時の簿記は現在の「複式簿記」と違い「単式簿記」といわれています。

　その後13世紀から15世紀にかけてイタリアの自由都市（ベニス、フィレンツェ、フローレンスなど）の商人が現在の「複式簿記」を考え出したといわれています。

　ちなみに日本に簿記が伝わったのは明治時代で、明治6年に福沢諭吉が翻訳して「帳合之法（ちょうあいのほう）」という本で日本に初めて簿記を紹介しています。

　したがって、江戸時代の商人は現在の簿記による記録は行っていませんでした。

2. 貸借対照表と損益計算書の仕組みと役割　　11

## コラム 「借方」「貸方」、昔は意味があった？

　簿記では左側のことを「借方」、右側のことを「貸方」と呼びます。これらの用語についてよく混乱する方がいますが、会社が何か借りているとか、貸しているという意味はありません。

　左側のことを「借方」、右側のことを「貸方」というだけの単なる簿記独特の専門用語です。

　覚える場合には送り仮名をふって「借り」の**「り」は左にはね**、「貸し」の**「し」は右にはねる**と覚えていただくか、「借方（かりかたひだり）」と声に出して言うと「かりかた」と「ひだり」のどちらも「り」が入っていますので声に出して覚えるのも１つの方法です。

　「借方」は英語では debit（デビット）で debtor（デェター　借主）から波及した単語といわれています（そのため英文会計では、借方（debit）を「Dr」と省略して示します。）。

　「貸方」は英語では credit（クレジット）で creditor（クレディター　貸主）から波及した単語といわれています（そのため英文会計では、貸方（credit）を「Cr」と省略して示します。）。

　大航海時代にお金を出資した人（貸した人　creditor　貸主）を貸方（右側）に記入し、出資を受けた人（借りた人　debtor　借主）を借方（左側）に記入したという説や、銀行など金融機関が自分がお金を借りた場合には借方（借りた人　debtor　借主）に、お金を貸した場合には貸方（貸した人　creditor　貸主）に記入したという説などがあります。

　「借方」「貸方」と翻訳したのは日本に最初に簿記を紹介した福沢諭吉ですが、「左側」「右側」と訳してくれていればもう少し簿記は易しかったかもしれません。

12　第１章　簿記入門編

# 3．簿記を理解する大前提、「勘定科目」の意味を理解しよう

## (1) 勘定科目の内容を理解しよう

　貸借対照表（B/S）に計上される「資産」「負債」「純資産」、損益計算書（P/L）に計上される「収益」「費用」はグループと考えてください。

　すなわち、「資産」グループ、「負債」グループ、「純資産」グループ、「収益」グループ、「費用」グループになります（損益計算書（P/L）に計上される「純利益」、「純損失」はグループではありません。「純利益」、「純損失」は「収益」と「費用」の差額として損益計算書（P/L）に表示されます。）。

　「資産」グループを例に取ると、会社には「現金」「預金」「土地」など様々な資産があります。

　このように「資産」「負債」「純資産」「収益」「費用」の各グループを細かく区分したものを、簿記では「勘定科目」といいます。

　「勘定科目」が正式名称ですが、よく省略して「科目」とも呼びます。

　以下が簿記の基本的な勘定科目になります。数が多いので暗記する必要はありません。まずざっと内容を確認して、後で「練習問題」を解く際にはこの「勘定科目のリスト」を見ながら行ってください。日常会話で使用するものもありますし、また何度か練習問題をこなすうちに代表的な勘定科目は自然に頭に入ってくると思います。

## (2) 勘定科目リスト

### ① 貸借対照表（B/S）に表示される勘定科目

資産グループ

| | |
|---|---|
| **現　　　金** | お札や硬貨などの通貨をいいます。 |

**預　　　金**　　銀行など金融機関に預けた普通預金、当座預金、定期預金、ゆうちょ銀行に預け入れた通常貯金などをいいます。
　　　　　　　　預金の内容に応じ、区分して示すときは「普通預金」「当座預金」「定期預金」などの勘定科目を使用します。

**受 取 手 形**　　商品や製品の販売代金として、得意先から受け取った手形のことです。

**売 　掛 　金**　　商品や製品の代金を後日受け取る約束で販売したとき（<u>これを「掛け売り」といいます。</u>）の得意先に対する代金の請求権のことです。

**有 価 証 券**　　国債、公債、社債、株式などの総称です。

**商 　　　品**　　会社が販売する目的で所有している物品のことです（P17「学習のポイント」参照）。

**製 　　　品**　　会社が販売する目的で製造した物品のことです（P17「学習のポイント」参照）。

**前 　払 　金**　　商品や原材料を仕入れる前に仕入先に支払った内金や手付金をいいます。

14　　第1章　簿記入門編

**未 収 入 金**　　商品や製品以外のものを売却し、後日代金を受け取る約束をしたときの売却先に対する代金の請求権のことです（P17「学習のポイント」参照）。

**立 替 金**　　取引先や従業員などが支払うべきものを会社が立替払いしたときに発生します。

**仮 払 金**　　支払は行われたが、支払目的が確定していない場合、又は支払金額が確定しない場合に一時的に処理する勘定科目です。

例えば、従業員が出張する場合、概算でお金を支払うことがありますが、このような場合に用いる勘定科目で、従業員が出張から戻った際には精算され、なくなります。

**貸 付 金**　　得意先などに借用証書を用いて金銭を貸し付けた時に発生します。

**建 物**　　事務所、店舗、工場、倉庫など建物を所有している場合に用いる勘定科目です。

**機 械**　　製品を製造するために使用する各種の工作機械、作業機械などのことです。

**車両運搬具**　　乗用車を始め、トラック、ミキサー車等の特殊自動車などが含まれます。

**備 品**　　事務机、椅子、陳列棚、金庫、応接セット、電気冷蔵庫などのような、事務用・作業用備品をいいます。

**土 地**　　事務所、店舗、工場、倉庫などの敷地や駐車場などの土地を所有している場合に用いる勘定科目です。

3. 簿記を理解する大前提、「勘定科目」の意味を理解しよう　　15

電話加入権　　NTT の電話施設を利用する権利をいいます。

ソフトウェア　　コンピュータのソフトウェアを購入したときに用いる勘定
科目です。

---

### 負債グループ

支 払 手 形　　商品や原材料の仕入代金の支払のために、仕入先に対して
振り出した手形のことです。
　　支払手形の反対は、受取手形です。

買 掛 金　　商品や原材料の代金を後日支払う約束で仕入れた場合（こ
れを「掛けで仕入れた」といいます。）の仕入先に対する支
払義務のことです。
　　買掛金の反対は、売掛金です。

未 払 金　　商品や原材料以外の物、例えば建物、機械、備品などの代
金を後日支払う約束で購入した場合の購入先に対する支払義
務のことです。
　　未払金の反対は、未収入金です（P 17「学習のポイント」
参照）。

借 入 金　　借用証書や手形を差し入れて、金融機関などから資金を借
り入れたときの返済義務を意味します。
　　決算書では、短期借入金と長期借入金に区分して表示しま
す。

前 受 金　　商品の引渡しに先立って、得意先から受け取った内金や手
付金のことです。
　　前受金の反対は、前払金です。

16　第 1 章　簿記入門編

預 り 金 　　　従業員の給料から天引きして預かっている源泉所得税・住民税・社会保険料などを処理する勘定科目です。

　　　　　　　　預り金は、預金と間違いやすいので注意してください。預り金は負債、預金は資産です（P18「学習のポイント」参照）。

仮 受 金 　　　入金が行われたが内容が不明の場合に一時的に処理する勘定科目です。

純資産グループ

資 本 金 　　　個人事業主の元入金や、会社が株主から出資してもらった金額を表します。

---

**学習のポイント**　「商品」と「製品」の相違点

　「「商品」と「製品」はどう違いますか」とよく質問を受けますが、「製品」はメーカー（製造業者）の自社製品に使う勘定科目です。問屋（卸売り）や小売店では「商品」という勘定科目を使用します。

　すなわち、「製品」という用語を使用するのはメーカー（製造業者）で、問屋（卸売り）や小売店など流通に回りますと「商品」と用語が変わります。

---

**学習のポイント**　「売掛金」と「未収入金」、「買掛金」と「未払金」の共通点と相違点

　「売掛金」と「未収入金」の共通点は、どちらもお金をもらっていないこととです。

　両者の違いは、商品・製品を販売してお金をもらっていない場合は「売掛金」で処理し、商品・製品以外（例えば、車両や有価証券など）を売却してお金を回収していない場合は「未収入金」で処理するところにあります。

---

3. 簿記を理解する大前提、「勘定科目」の意味を理解しよう　　17

また、「買掛金」と「未払金」の共通点は、どちらもお金を払っていないことです。

両者の違いは商品や原材料を仕入れてお金を払っていない場合は「買掛金」で処理し、商品や原材料以外の購入代金、例えば、車両や備品などの購入代金や広告宣伝費や運送料などをまだ支払っていない場合は「未払金」で処理します。

---

### 学習のポイント　勘定科目は、原則「送り仮名（おくりがな）」を省略

簿記の勘定科目は、原則「送り仮名」を省略します。例えば、「借入金」は本来「借り入れ金」と書きますし、「仮受金」は「仮受け金」、「未払金」も「未払い金」と送り仮名をふりますが、簿記の勘定科目は、送り仮名を省略して漢字だけで表しています。

これは、簿記は明治時代に日本に導入され、英文の勘定科目を日本語に翻訳したものですが、その時に勘定科目を漢字表記で統一したためです。

例外は「預り金」で、もし送り仮名を省略しますと「預金」となってしまい全く意味が変わってしまうため、送り仮名が入っています。

ただし、最近の科目には「ソフトウェア」「リース料」「のれん」といったカタカナやひらがなの勘定科目もあります。

18　第1章　簿記入門 編

## ② 損益計算書（P/L）に表示される勘定科目

収益グループ

売　　上
商品や製品を販売したときに用いられる勘定科目です。

不動産賃貸業を営む会社の売上は、賃貸料収入、運送業を営む会社の売上は、運送料収入と表示される場合もあります（簿記の検定試験では「売上」勘定を使用します。）。

受取利息
銀行など金融機関に預けた預金の利息、他の会社や個人に貸し付けた貸付金の利息などを受け取ったときに用いる勘定科目です。

受取配当金
会社が保有している株式に対する配当金を受け取ったときに用いる勘定科目です。

受取手数料
販売手数料や斡旋手数料などを受け取ったときに用いる勘定科目です。

有価証券
売却益
株式や社債などの有価証券を買ったときよりも高い値段で売却したときに生じる売却益をこの勘定科目で処理します。

反対に損失が出た場合は、**「有価証券売却損」（損失）**です。

固定資産
売却益
土地、建物、車両運搬具、備品などの固定資産を帳簿価額よりも高い価額で売却したときに生じる売却益をこの勘定科目で処理します。

反対に損失が出た場合は、**「固定資産売却損」（損失）**です。

雑収入
発生がまれで金額が小さく、しかも他の勘定科目に入らない収益を雑収入としてまとめて処理します。

3. 簿記を理解する大前提、「勘定科目」の意味を理解しよう　19

例えば、会社が従業員のために設置した自動販売機の収入などは雑収入で処理します。

### 費用グループ

**仕　　入**　　商品や原材料を購入したときに用いる勘定科目です。
仕入の反対は、売上です。

**給　　料**　　従業員に給料を支払ったときに用いる勘定科目です。

**賞　　与**　　従業員に賞与（ボーナス）を支払ったときに用いる勘定科目です。

**発　送　費**　　得意先に商品や製品を発送したときの支払運賃などを処理する勘定科目です。

**法定福利費**　　社会保険料の会社負担分や労働保険料を支払ったときに用いる勘定科目です。

**福利厚生費**　　従業員の医療、衛生、慰安等に要した費用を会社が支払ったときに用いる勘定科目です。

**旅費交通費**　　電車代、バス代、タクシー代などの交通費や出張した際の交通費、宿泊代などを支払ったときに用いる勘定科目です。

**通　信　費**　　電話料（携帯電話を含みます。）、切手代、はがき代など通信のために支出したときに用いる勘定科目です。

**交　際　費**　　営業上必要な接待、贈答などのために支出したときに用いる勘定科目です。

**租 税 公 課**　　印紙税、固定資産税、自動車税などの税金を支払ったときに用いる勘定科目です。

**水道光熱費**　　電気料金、ガス料金、水道料金などを支払ったときに用いる勘定科目です。

**消 耗 品 費**　　文房具、コピー用紙などの事務用消耗品、少額（10万円未満）の備品・消耗品などを購入したときに用いる勘定科目です（文具などを事務用消耗品費として別の勘定科目に区分することもあります。）（P23「学習のポイント」参照）。

**支払手数料**　　販売手数料、仲介手数料、振込手数料などを支払ったときに用いる勘定科目です。

**広告宣伝費**　　商品や製品の販売促進のために、新聞、雑誌、テレビなどの媒体を利用した広告を行ったり、看板、ポスター、ダイレクトメール、カタログ等の作成費用を支払ったときに用いる勘定科目です。

**修　繕　費**　　建物、機械、車両運搬具などの維持・修繕のために修理代を支払ったときに用いる勘定科目です。

**支払保険料**　　火災保険料、自動車保険料などを支払ったときに用いる勘定科目です。

**支 払 家 賃**　　店舗、事務所、駐車場などを賃借している場合、その使用料を支払ったときに用いる勘定科目です。

**リース料**　　自動車や機械、備品などをリース（賃借）したときに支払うリース料を処理する勘定科目です。

3．簿記を理解する大前提、「勘定科目」の意味を理解しよう　　21

**会 議 費**　　得意先との打合せ飲食、ビジネスランチなどをしたときに処理する勘定科目です。

**新聞図書費**　　新聞の購読料、仕事に必要な書籍などを購入したときに用いる勘定科目です。

**教育研修費**　　仕事に必要なセミナーの受講料や社内研修費などを処理する勘定科目です。

**支 払 利 息**　　借入金について利息を支払ったときに用いる勘定科目です。

**手形売却損**　　手持ちの受取手形を銀行など金融機関で割引（換金）した時の「割引料」はこの科目で処理します。

**雑 　 　 費**　　発生がまれで金額が小さく、しかも他の勘定科目にあてはまらない費用を雑費でまとめて処理します。

**貸 倒 損 失**　　得意先が倒産し売掛金や受取手形が回収不能（これを「貸倒れ（かしだおれ）」といいます。）になった時に処理する勘定科目です。
　　　　　　　　　この「貸倒損失」は損失になりますが、損失については（P 87「学習のポイント」）で解説します。

　なお、各「勘定科目」の具体的な使い方、注意点などは「練習問題」を行う際に順次解説していきます。

22　　第 1 章　簿記入門編

## 学習のポイント 「備品」と「消耗品費」の実務上の処理

　法人税（会社の場合）及び所得税（個人事業主の場合）には、「購入金額が10万円未満の少額の物は消耗品費として処理ができる」という規定があります。

　実務は、法人税法、所得税法に基づいて処理を行いますので、会社や個人事業主が5万円の机・椅子を購入した時は、「消耗品費」になります。

　それに対して、「簿記の検定試験」にはこのように金額で判断する問題は出題されません。必ず問題に「備品を購入した」とか「消耗品を購入した」と書いてありますので、その指示に従って解答してください。

3. 簿記を理解する大前提、「勘定科目」の意味を理解しよう　23

## 4．簿記上の「取引」について理解しよう

　会社や個人商店が商品を仕入れたり、その商品を販売したり、従業員に給料を支払ったり、店舗の家賃を支払ったりしますと、資産、負債、純資産、収益、費用が増減します。

　簿記では、これらのことを「取引」といいます。

　一般的な「取引」と簿記上の「取引」はその範囲の大部分は同じですが、必ずしも一致しません。

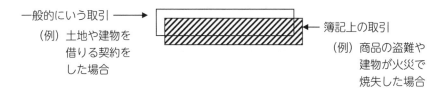

（注）　土地や建物を借りる契約をしただけでは資産、負債、純資産、収益、費用は増減しませんので簿記上では「取引」にはなりません。商品の盗難や建物が火災で焼失した場合は、一般に取引とはいいませんが、盗難や火災により商品、建物という資産が減少しますので簿記上では「取引」になります。

〔複式簿記の取引例〕
　会社や個人商店では資産、負債、純資産、収益、費用が日々変動します。以下、具体的な事例で解説します。

（取引例１）
　現金100万円を出資し株式会社を設立した。

　　　現金という　資産　の増加　　　資本金という　純資産　の増加

**(取引例2)**

会社で従業員に給料を現金で支払った。

　　　給料という　|費用|　の増加（発生）　　現金という　|資産|　の減少

**(取引例3)**

会社で商品を販売し、代金を現金で受け取った。

　　　現金という　|資産|　の増加　　　売上という　|収益|　の増加（発生）

**(取引例4)**

銀行から1,000万円を借り入れ、その資金が会社の普通預金に振り込まれた。

　　　普通預金という　|資産|　の増加　　　借入金という　|負債|　の増加

　上記取引例のように会社や個人商店では、貸借対照表（B/S）、損益計算書（P/L）の5つのグループ、|資産| |負債| |純資産| |収益| |費用| が日々変動していきます。

　簿記のグループは上記の |資産| |負債| |純資産| |収益| |費用| になります。この5つを**簿記の5要素**といいます。この**簿記の5要素**はとても重要ですのでしっかりと覚えてください（前にも説明しましたが「純利益」「純損失」は簿記の5要素（グループ）には入りません。）。

|（借方）|損益計算書（P/L）|（貸方）|
|---|---|---|

費　　用

収　益

純　利　益

　もう一度取引例を見てみましょう。必ず1つの取引について「2つの要素」が発生しています。これを**「取引の二面性」**といい、**「複式簿記」の大きな特徴です。**

　それに対し「お小遣い帳」や「家計簿」を記入することは現金という「1つの要素」に絞って記録が行われるので「単式簿記」といわれています。

## 〔複式簿記の取引例（再掲）〕
（取引例1）
　　現金という　 資産 　の増加　　　資本金という　 純資産 　の増加

（取引例2）
　　給料という　 費用 　の増加（発生）　　現金という　 資産 　の減少

（取引例3）
　　現金という　 資産 　の増加　　売上という　 収益 　の増加（発生）

（取引例4）
　　普通預金という　 資産 　の増加　　借入金という　 負債 　の増加

26　第1章　簿記入門編

# 5．現金の増減を帳簿に記入してみよう

　会社や個人商店で資産、負債、純資産、収益、費用が増減することを簿記では「取引」というと説明しましたが、会社や個人商店ではこの「取引」が発生した場合には、**必ず仕訳をして帳簿に記入しなければいけません。**

　ここでは現金取引を例に帳簿への記入方法を説明します。

---

**練習問題**　現金の増減を帳簿に記入

　1月10日　　現金の収入が、10,000円あった。
　　　15日　　現金の支出が、 6,000円あった。
　　　20日　　現金の収入が、20,000円あった。
　　　25日　　現金の支出が、16,000円あった。
　　　31日　　現金の収入が、24,000円あった。
　　　　　　　営業終了後、現金はいくらありますか？

**（解答欄）**

現　　　　　金

1／31現金残高　　　　　　　円

---

　前に「勘定科目」について解説しました（P13以降参照）が、会社では非常に多くの「勘定科目」を使用しています。この「勘定科目」1つ1つに会社や個人商店は帳簿として「口座」を作成していきます。この「口座」のことを簿記では「勘定」といいます。先ほどの「勘定科目」の勘定です。

現金は「現金勘定」、売上は「売上勘定」を作成し、現金取引は「現金勘定」に記録し計算を行い、売上は「売上勘定」に記録し計算を行っていきます。

　上記の解答欄が「現金勘定」になります。会社の帳簿はもう少し複雑な形をしていますが、試験など学習簿記では省略したものを使用しており、こちらを「Ｔ勘定」と呼んでいます。

　Ｔ勘定は省略した形の帳簿ですが、仕組みは会社の帳簿と同じですべての勘定を左側と右側に分けていきます（簿記的にいいますと「借方」と「貸方」に分けます。）。
　そして片方が「プラス」であれば、もう一方が「マイナス」になります。

　現金勘定は借方（左側）が「プラス」、貸方（右側）が「マイナス」になります。
　このどちら側が「プラス」になるか、「マイナス」になるかの勘定記入の法則はこの後説明します。

　では、「現金勘定」への記入を行っていきましょう。皆様も是非一緒に解答欄に記入してください。簿記を学習する上で手を動かすことは非常に重要です。昔から「簿記は手で覚えろ！」といわれています。

**（解説）**
　現金勘定は借方（左側）が「プラス」、貸方（右側）が「マイナス」になりますので、現金の入金は借方（左側）に現金の出金は貸方（右側）に記入していきます。

　　1月10日　　現金の収入が10,000円　　収入はプラスになるので「現金勘定」の借方（左側）に記入します。
　　　　　　　　ここでは日付と金額を記入して下さい。

　　　15日　　現金の支出が6,000円　　「現金勘定」の貸方（右側）に記入

28　第1章　簿記入門編

します。

（注） 学習簿記のＴ勘定では日々の残高の計算は省略されて
います。

仮に１月15日の残高を計算しますと、借方（左側）の
金額から貸方（右側）の金額を差し引いた金額で、残高
4,000円（10,000円－6,000円）と計算されます。

ちなみに、会社の正式な帳簿には残高を記録する「残
高欄」がありますが、学習簿記のＴ勘定では省略してい
ます。

20日　　現金の収入が、20,000円　　「現金勘定」の借方（左側）に
記入します。

25日　　現金の支出が、16,000円　　「現金勘定」の貸方（右側）に
記入します。

31日　　現金の収入が、24,000円　　「現金勘定」の借方（左側）に
記入します。

| ⊕ | 現 | 金 | ⊖ | |
|---|---|---|---|---|
| 1 /10 | 10,000 | 1 /15 | 6,000 |
| 20 | 20,000 | 25 | 16,000 |
| 31 | 24,000 | | |

これで１月中の現金取引が「現金勘定」に記入されました

次は「帳簿の締め切り」を行います。簿記ではすべての帳簿書類を１か月
単位で締め切っていきますので、上記の「現金勘定」も１月末日（１/31）
で締め切ります。

5. 現金の増減を帳簿に記入してみよう　　29

締め切りでは現金の借方（左側）を集計します。金額は54,000円になります が、これは現金のプラス側の金額ですので１月の入金合計になります。

　次に現金の貸方（右側）を集計します。金額は22,000円になりますが、こ れは現金のマイナス側の金額ですので１月の出金合計になります。

　そして残高は１月の入金合計（54,000円）から１月の出金合計（22,000 円）をマイナスして計算しますので、１月31日の現金残高は、32,000円と計 算されます。

|  | ⊕ | 現 | 金 | ⊖ |  |
|---|---|---|---|---|---|
| 1 /10 | 10,000 | | 1 /15 | | 6,000 |
| 20 | 20,000 | | 25 | | 16,000 |
| 31 | 24,000 | | | | |
| | （合計　54,000円） | | | （合計　22,000円） | |
| | ↑ | | | ↑ | |
| | １月の入金合計 | | | １月の出金合計 | |
| 1 /31現金残高 | 32,000円 | | | | |

１月の入金合計　１月の出金合計　1 /31現金残高
　54,000円　　－　　22,000円　　＝　　32,000円

30　　第１章　簿記入門編

| コラム | 「簿記」という名前の由来 |

簿記は明治時代に日本に伝わりましたが、なぜ簿記という名称になったのでしょうか。

簿記は「帳簿記入」の真中2文字を取って「簿記」と名付けたと言われています。

ちなみに、明治6年に福沢諭吉が日本に初めて簿記を紹介した際は、「帳合之法（ちょうあいのほう）」又は「帳合」と呼んでいました。

英語では、簿記は「Bookkeeping（ブックキーピング）」ですから、いずれにしても直訳はしていません。

## 6．簿記の帳簿記入と計算のルールを再確認しよう

　ここでもう一度、簿記独特の帳簿記入と計算のルールをおさらいしましょう。

　簿記ではすべての「勘定科目」を借方（左側）と貸方（右側）に分けます。先ほど練習した現金勘定は借方（左側）が「プラス」、貸方（右側）が「マイナス」になります。

　ただし、「勘定科目」によっては貸方（右側）が「プラス」になります。その場合には反対の借方（左側）が「マイナス」になります。
（「勘定科目」によってどちら側が「プラス」になるか、「マイナス」になるかは、次の「勘定記入の法則」の項で説明します。）

　「現金取引」が発生した場合には、「現金勘定」に記入されますが、先ほど解説したように現金の入金は「プラス」の借方（左側）に記入されます。そして現金の出金は「マイナス」の貸方（右側）に記入します。

　月末に「現金勘定」の締め切りを行いますが、その際に借方（左側）を集計します。借方（左側）は現金のプラス（入金）ですので1か月の「入金合計」が計算されます。次に貸方（右側）を集計します。貸方（右側）は現金のマイナス（出金）ですので1か月の「出金合計」が計算されます。
　現金残高を求める場合は、借方（左側）の「1か月の入金合計」から貸方（右側）の「1か月の出金合計」をマイナスして計算します。

　簿記ができたのは今から700年から800年前のヨーロッパで、現在のようにコンピュータや電卓はありませんので「筆算」で計算しやすいよう考えられたといわれています。

| ⊕ | 現 金 | ⊖ |
| --- | --- | --- |

| **現金のプラス** | **現金のマイナス** |
| 入金を記録する | 出金を記録する |

(合計　×××円)　　　　　　　(合計　×××円)
　　　　↑　　　　　　　　　　　　　　　↑
　１か月の入金合計　　　　　　　１か月の出金合計
（１か月の入金合計　－　１か月の出金合計　で残高を求める）

## 7．勘定記入の法則をマスターしよう

前項で「現金勘定」の「プラス」は借方（左側）に、「マイナス」は貸方（右側）に記入しますと解説しましたが、この「プラス」「マイナス」の法則は勘定科目のグループごとに決定されています。

簿記は全ての勘定科目を、資産　負債　純資産　収益　費用 という5つのグループに分類していますが、下記の通り各グループごとに「プラス」「マイナス」が決定されます。

**(貸借対照表（B/S）に計上される勘定科目)**

**(損益計算書（P/L）に計上される勘定科目)**

まず貸借対照表（B/S）の**「資産グループ」は借方（左側）**が「プラス」、**貸方（右側）**が「マイナス」になります。

P27の練習問題で使用した「現金勘定」は「資産グループ」ですので、現金の入金は「プラス」の借方（左側）に記入され、現金の出金は「マイナス」の貸方（右側）に記入します。

そして、貸借対照表（B/S）の**「負債グループ」「純資産グループ」**は貸方（右側）が**「プラス」**、借方（左側）が**「マイナス」**になります。

　次に損益計算書（P/L）は、**「費用グループ」**は借方（左側）が**「プラス」**、貸方（右側）が**「マイナス」**になります。

　**「収益グループ」**は逆に貸方（右側）が**「プラス」**、借方（左側）が**「マイナス」**になります。

　「覚えるのが大変！」と思われた方もいると思いますが、この「勘定記入の法則」には一定の決まりがあります。

　それは、貸借対照表（B/S）、損益計算書（P/L）に表示されるほうが「プラス」になります。

7. 勘定記入の法則をマスターしよう　35

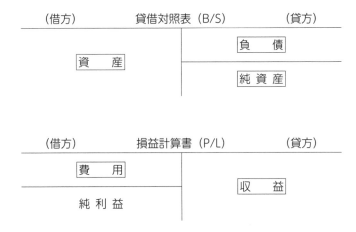

　上記、貸借対照表（B/S）を見てください。「資産グループ」は貸借対照表（B/S）の借方（左側）に表示されますので、借方（左側）が「プラス」になります。

　一方、「負債グループ」と「純資産グループ」は貸借対照表（B/S）の貸方（右側）に表示されますので、貸方（右側）が「プラス」になります。

　次に、損益計算書（P/L）を見てください。「費用グループ」は損益計算書（P/L）の借方（左側）に表示されますので、借方（左側）が「プラス」になります。

　一方、「収益グループ」は損益計算書（P/L）の貸方（右側）に表示されますので、貸方（右側）が「プラス」になります。

　「勘定記入の法則」を忘れたときは、常に貸借対照表（B/S）、損益計算書（P/L）に戻ってください。
　**繰り返しになりますが、貸借対照表（B/S）、損益計算書（P/L）に表示されるほうが「プラス」になります。**

　これが「勘定記入の法則」になります。

# 8．苦手意識を持たずに仕訳ができる「意外と簡単仕訳法」

## (1)「仕訳」のヒント

「仕訳」とは、簿記上の取引について、**借方（左側）科目とその金額、貸方（右側）科目とその金額を決定**することをいいます。

実務経理、そして「会計センス」を高めるためには、この「仕訳」又は「仕訳」の考え方が非常に重要になります。

確かに現在の実務経理では「会計ソフト」を使用しますので、実際に仕訳を行うのは「振替伝票」の記入や「決算業務（決算整理）」などに限定されます。しかし、この「仕訳の法則（各勘定科目の増加・減少が借方・貸方のどちら側にくるか）」を理解していないと、この後学習する決算書や経営分析、キャッシュフロー（資金繰り）、管理会計の理解が難しくなります。

是非、この仕訳の法則をしっかり習得して、「会計センス」を高めましょう。

それでは、最初に「現金取引」を見ていきましょう。会社が現金を受け取りますと現金は「資産グループ」ですので、「現金という資産」が増加します。

前項の「勘定記入の法則をマスターしよう」で解説しましたが、資産の増加は借方（左側）ですので借方（左側）に「現金」が記録されます。

逆に会社が現金を支払いますと現金は「資産グループ」ですので、「現金という資産」が減少します。
資産の減少は貸方（右側）ですので、貸方（右側）に「現金」が記録されます（**図表5**参照）。

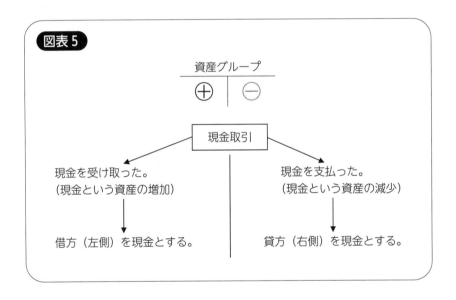

もう1つ例を見ていきましょう。会社が銀行からお金を借り入れました。「借入金」は「負債グループ」ですので、会社では「借入金という負債」が増加します。

「勘定記入の法則」では、負債の増加は貸方（右側）ですので、貸方（右側）に「借入金」が記録されます。

逆に会社が借入金を銀行に返済しますと、借入金は「負債グループ」ですので「借入金という負債」が減少します。
負債の減少は借方（左側）ですので、借方（左側）に借入金が記録されます（**図表6**参照）。

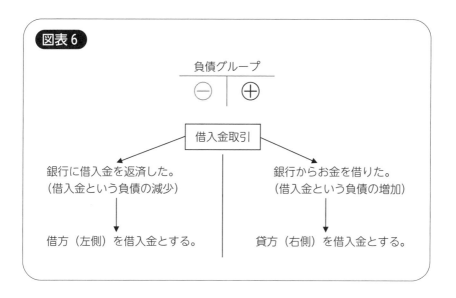

この後、「仕訳」の練習問題を行っていきますが、資産　負債　純資産　収益　費用　のどのグループか、また増えているか、減っているかで借方（左側）、貸方（右側）が決定しますので、P34（勘定科目の法則）を確認しながら仕訳の問題を行ってください。

くどいようですが、簿記は　資産　負債　純資産　収益　費用　の5グループしかありません。

## (2) まずは簡単な「現金取引」の仕訳から挑戦！

では、最初に「現金及び預金の取引」の仕訳から行います。勘定科目については、P14の「勘定科目リスト」を参考にしてください。

すべて「解答欄」「答」「解説」をつけていますので、皆さんも解答欄に実際に記入して練習してください。

是非簿記を手で覚えましょう！

### ① 現金20,000,000円を出資し、株式会社を設立した。

（解答欄）

| 借方科目 | 金額 | 貸方科目 | 金額 |
|---|---|---|---|
| (1) | (2) | (3) | (4) |

（借方）現金という「資産」の増加　　　（貸方）資本金という「純資産」の増加

<pre>
      資産グループ              純資産グループ
        ⊕  |                      ⊕  |
</pre>

会社は「現金」を受け取りましたので、「現金という資産」が増加します。資産の増加は借方（左側）ですので、借方（左側）は「現金」になります。

40　第1章　簿記入門編

上記「解答欄」に空欄が４つありますが、一番左の(1)欄に「現金」と記入してください。これが借方（左側）の科目になります。

　(2)欄に「20,000,000」と記入してください。これが借方（左側）の金額になります（仕訳では円、¥マークは不要です。）。

　会社が株主から出資を受けますと「資本金」という「純資産」が増加します。

　純資産の増加は貸方（右側）ですので、貸方（右側）は「資本金」になります。

　今度は(3)欄に「資本金」と記入してください。これが貸方（右側）の科目になります。

　そして最後の(4)欄に「20,000,000」と記入してください。これが貸方（右側）の金額になります。

　以下の問題も同様に解答欄に記入してください。解答は以下のように借方（左側）の科目と金額、貸方（右側）の科目と金額を表示していきます。

（答）

| 借方科目 | 金額 | 貸方科目 | 金額 |
|---|---|---|---|
| (1)<br>現金 | (2)<br>20,000,000 | (3)<br>資本金 | (4)<br>20,000,000 |

　借方（左側）の科目と金額、貸方（右側）の科目と金額が決定しましたので、これで「仕訳」は完成です。

　そして簿記の非常に優れているのは、「仕訳」では必ず借方（左側）の金額と貸方（右側）の金額が同額で一致する点です。

　上記の「仕訳」も借方（左側）の金額と貸方（右側）の金額は、20,000,000円で一致しています。この後も練習問題が続きますが、借方（左側）の金額と貸方（右側）が一致するかどうかを確認してください。借方（左側）だけに金額が入ったり、貸方（右側）だけに金額が入っている場合は「仕訳」が正しく行われていません。問題によっては借方（左側）の金額

8. 苦手意識を持たずに仕訳ができる「意外と簡単仕訳法」　41

と貸方（右側）に複数の科目、金額が入る場合がありますが、その場合でも借方（左側）の金額と貸方（右側）の金額は必ず一致します。

　以上が「仕訳」の解答方法になります。「仕訳」に迷ったらここの説明をもう一度読み直してください。

② 商品20,000円を売り渡し、代金は現金で受け取った。

（解答欄）

| 借方科目 | 金額 | 貸方科目 | 金額 |
|---|---|---|---|
| (1) | (2) | (3) | (4) |

（借方）現金という「資産」の増加　　（貸方）売上という「収益」の増加（発生）

（答）

| 借方科目 | 金額 | 貸方科目 | 金額 |
|---|---|---|---|
| (1) 現金 | (2) 20,000 | (3) 売上 | (4) 20,000 |

　会社は「現金」を受け取りましたので、「現金という資産」が増加します。
　資産の増加は借方（左側）ですので、借方（左側）は「現金」になります。

　会社が商品を販売しますと、「売上」という「収益」が増加（発生）します。
　収益の増加は貸方（右側）ですので、貸方（右側）は「売上」になります。

③ 商品10,000円を仕入れ、代金は現金で支払った。

(解答欄)

| 借方科目 | 金額 | 貸方科目 | 金額 |
|---|---|---|---|
| (1) | (2) | (3) | (4) |

(借方)仕入という「費用」の増加(発生)　　　(貸方)現金という「資産」の減少

(答)

| 借方科目 | 金額 | 貸方科目 | 金額 |
|---|---|---|---|
| (1)<br>仕入 | (2)<br>10,000 | (3)<br>現金 | (4)<br>10,000 |

　会社で商品を仕入れますと、「仕入」とういう「費用」が増加（発生）します。
　仕入は費用グループなので「仕入という費用」が増加（発生）します。
　費用の増加は借方（左側）ですので、借方（左側）は「仕入」になります。

　簿記では商品を購入した際に、「商品（資産）」と処理する方法もありますが一般的ではありません。通常は「仕入（費用）」で処理を行います（P53「学習のポイント」参照）。

　会社が商品を購入しましたので、「現金」という「資産」が減少します。
　資産の減少は貸方（右側）ですので、貸方（右側）は「現金」になります。

8. 苦手意識を持たずに仕訳ができる「意外と簡単仕訳法」　43

④　営業用の机、椅子、ロッカーを500,000円で購入し、代金は現金で支払った。

(解答欄)

| 借方科目 | 金額 | 貸方科目 | 金額 |
|---|---|---|---|
| (1) | (2) | (3) | (4) |

(借方)備品という「資産」の増加　　　　(貸方)現金という「資産」の減少

(答)

| 借方科目 | 金額 | 貸方科目 | 金額 |
|---|---|---|---|
| (1) **備品** | (2) 500,000 | (3) **現金** | (4) 500,000 |

　会社が机、椅子、ロッカーなどを購入しますと、「備品」という「資産」が増加します(勘定科目の内容は、「勘定科目リスト」を参考にしてください。)。
　備品は資産グループなので「備品という資産」が増加します。
　資産の増加は借方(左側)ですので、借方(左側)は「備品」になります。

　会社は備品を購入し現金を支出しましたので、「現金」という「資産」が減少します。
　資産の減少は貸方(右側)ですので、貸方(右側)は「現金」になります。

⑤ 切手代1,000円を現金で支払った。

(解答欄)

| 借方科目 | 金額 | 貸方科目 | 金額 |
|---|---|---|---|
| (1) | (2) | (3) | (4) |

(借方)通信費という「費用」の増加(発生)　　　(貸方)現金という「資産」の減少

(答)

| 借方科目 | 金額 | 貸方科目 | 金額 |
|---|---|---|---|
| (1) 通信費 | (2) 1,000 | (3) 現金 | (4) 1,000 |

　会社で切手やはがきを購入しますと、「通信費」とういう「費用」が増加(発生)します(勘定科目の内容は、「勘定科目リスト」を参考にしてください。)。

　通信費は費用グループなので「通信費という費用」が増加(発生)します。

　費用の増加(発生)は借方(左側)ですので、借方(左側)は「通信費」になります。

　会社は切手を購入し現金を支出しましたので、「現金」という「資産」が減少します。

　資産の減少は貸方(右側)ですので、貸方(右側)は「現金」になります。

⑥ JR線を利用し、乗車賃3,000円を現金で支払った。

(解答欄)

| 借方科目 | 金額 | 貸方科目 | 金額 |
|---|---|---|---|
| (1) | (2) | (3) | (4) |

(借方)旅費交通費という「費用」の増加(発生)　　(貸方)現金という「資産」の減少

(答)

| 借方科目 | 金額 | 貸方科目 | 金額 |
|---|---|---|---|
| (1)<br>**旅費交通費** | (2)<br>3,000 | (3)<br>**現金** | (4)<br>3,000 |

　会社が電車代、バス代、タクシー代などの交通費を支出しますと、「旅費交通費」とういう「費用」が増加(発生)します(勘定科目の内容は、「勘定科目リスト」を参考にしてください。)。
　旅費交通費は費用グループなので、「旅費交通費という費用」が増加(発生)します。
　費用の増加(発生)は借方(左側)ですので、借方(左側)は「旅費交通費」になります。

　会社は交通費を現金で支払いましたので、「現金」という「資産」が減少します。
　資産の減少は貸方(右側)ですので、貸方(右側)は「現金」になります。

⑦ 普通預金の利息2,000円が銀行の普通預金口座に入金された。

(解答欄)

| 借方科目 | 金額 | 貸方科目 | 金額 |
|---|---|---|---|
| (1) | (2) | (3) | (4) |

(借方)普通預金という「資産」の増加　(貸方)受取利息という「収益」の増加(発生)

(答)

| 借方科目 | 金額 | 貸方科目 | 金額 |
|---|---|---|---|
| (1) 普通預金 | (2) 2,000 | (3) 受取利息 | (4) 2,000 |

　会社の「普通預金」に入金されましたので、「普通預金という資産」が増加します。
　資産の増加は借方（左側）ですので、借方（左側）は「普通預金」になります。

　会社が利息を受け取りますと、「受取利息」という「収益」が増加（発生）します。
　収益の増加は貸方（右側）ですので、貸方（右側）は「受取利息」になります。

⑧ 銀行から事業資金として10,000,000円を借り入れ、会社の普通預金口座に入金された。

(解答欄)

| 借方科目 | 金額 | 貸方科目 | 金額 |
|---|---|---|---|
| (1) | (2) | (3) | (4) |

(借方)普通預金という「資産」の増加　　　(貸方)借入金という「負債」の増加

(答)

| 借方科目 | 金額 | 貸方科目 | 金額 |
|---|---|---|---|
| (1) **普通預金** | (2) 10,000,000 | (3) **借入金** | (4) 10,000,000 |

　会社の「普通預金」にお金が入金されましたので、「普通預金という資産」が増加します。
　資産の増加は借方(左側)ですので、借方(左側)は「普通預金」になります。

　会社が銀行など金融機関からお金を借りますと、簿記では「借入金」という「負債」が増加します。
　負債の増加は貸方(右側)ですので、貸方(右側)は「借入金」になります。

⑨ 借入金200,000円を利息6,000円とともに普通預金から返済した。

(解答欄)

| 借方科目 | 金額 | 貸方科目 | 金額 |
|---|---|---|---|
| (1) | (2) | (3) | (4) |

(借方) 借入金という「負債」の減少　　(貸方) 普通預金という「資産」の減少
　　　　支払利息という「費用」の増加(発生)

(答)

| 借方科目 | 金額 | 貸方科目 | 金額 |
|---|---|---|---|
| (1)<br>借入金<br>支払利息 | (2)<br>200,000<br>6,000 | (3)<br>普通預金 | (4)<br>206,000 |

　今まで「仕訳」の解説を借方(左側)から行ってきましたので、この問題では貸方(右側)から行ってみましょう(「仕訳」をする場合にはどちらを先に記入するかは決まりはありません。特に検定試験では難しい問題も出題されますので、借方、貸方どちらかわかるほうから記入を行い、最後に借方と貸方の金額を一致させることもあります。)。

　会社の「普通預金」から出金し普通預金が減少しましたので、「普通預金という資産」の減少により、貸方(右側)は「普通預金」になります。

8. 苦手意識を持たずに仕訳ができる「意外と簡単仕訳法」　49

会社が銀行に借入金を返済しますと、「借入金という負債」が減少します。

負債の減少は借方（左側）ですので、借方（左側）は「借入金」になります。

さらに会社は銀行に利息を支払っています。会社が利息を支払いますと、簿記では「支払利息」で処理をします。

支払利息は費用グループなので「支払利息という費用」が増加（発生）します。

費用の増加（発生）は借方（左側）ですので、借方（左側）の欄にもう1つ「支払利息」が追加されます。

今回、この問題では借方（左側）科目が2つと複数になりましたが、このように科目が複数になっても必ず借方（左側）の金額と貸方（右側）の金額は一致します（今回の問題も206,000円で一致しています。）。

また仕訳では、科目の記載順はありませんので、「支払利息」を上に記入しても正解になります。

⑩　従業員のために、現金100,000円を立て替えて支払った（1月15日の取引とします。）。

（解答欄）

| 借方科目 | 金額 | 貸方科目 | 金額 |
|---|---|---|---|
| (1) | (2) | (3) | (4) |

（答）

| 借方科目 | 金額 | 貸方科目 | 金額 |
|---|---|---|---|
| (1)<br>立替金 | (2)<br>100,000 | (3)<br>現金 | (4)<br>100,000 |

　会社が従業員などにお金を立て替えますと「立替金」で処理します。「立替金」は資産ですので、「立替金という資産」が増加します。

　資産の増加は借方（左側）ですので、借方（左側）は「立替金」になります。

　会社は「現金」が減少しましたので、貸方（右側）は「現金」になります。

⑪　従業員から、先日立替払いした100,000円の返済を現金で受け取った（1月20日の取引とします。）。

（解答欄）

| 借方科目 | 金額 | 貸方科目 | 金額 |
|---|---|---|---|
| (1) | (2) | (3) | (4) |

（借方）現金という「資産」の増加　　　　（貸方）立替金という「資産」の減少

（解答欄）

| 借方科目 | 金額 | 貸方科目 | 金額 |
|---|---|---|---|
| (1)<br>現金 | (2)<br>100,000 | (3)<br>立替金 | (4)<br>100,000 |

8．苦手意識を持たずに仕訳ができる「意外と簡単仕訳法」

会社では、立替金が戻り「現金」が増加しましたので、借方（左側）は「現金」になります。

　また、会社で先に立て替えた立替金が戻りましたので、「立替金という資産」が減少します。
　資産の減少は貸方（右側）ですので、貸方（右側）は「立替金」になります。

　では、ここで「立替金勘定」の帳簿記入を見てみましょう。
　立替金勘定は「資産グループ」ですので、借方（左側）が「プラス」、貸方（右側）が「マイナス」になります。

　1月15日に立替金が増加（発生）しましたので、立替金勘定の借方（左側）に記入します。

　1月20日に立替金が戻りましたので、今度は立替金勘定の貸方（右側）に記入します。

　簿記では、このように立替金が戻った場合に、記録を消しゴムで消したり、コンピュータの「Delete key（デリート　キイ）」で削除するようなことはなく、「プラス側」と「マイナス側」に分けて記録していきます。

　会社では1月20日現在、立替金の残高はゼロ円ですが、帳簿には「1月15日に立替金が100,000円発生し、1月20日にその立替金が戻った。」という記録が残ります。

このように取引の記録が帳簿に残るということも簿記の大きな特徴の1つです。

　1月20日には立替金の残高はありませんが、立替金の増加、減少の記録が帳簿に残ります。

---

**学習のポイント**　　商品売買の処理　分記法と三分法⑴

　「商品を購入した時の勘定科目は商品（資産）ですか？仕入（費用）ですか？」というご質問をよく受けます。
　実は簿記の「商品売買の処理」には複数（正確には3つ）の処理方法があり、どれも正解です。
　商品を購入した時に商品勘定（資産）で処理する方法を「分記法」、仕入勘定（費用）で処理する方法を「三分法」といいます。

　具体的な「仕訳」は以下の通りです。

| 取　引　例 | 分　記　法 | 三　分　法　（注） |
|---|---|---|
| 商品130円を仕入れ、代金は現金で支払った。 | 商品　130　／　現金　130 | 仕入　130　／　現金　130 |
| 上記商品のうち100円分を150円で販売し、代金は現金で受け取った。 | 現金 150　／　商品　　　　100　　　　　　　 商品販売益50　（収益グループ） | 現金　150　／　売上　150 |
| 決算に際し、商品在庫が30円あった。 | 特に仕訳の必要はなし | 繰越商品　30　／　仕入　30（又は商品） |

（注）　「三分法」では、商品売買の勘定科目を「仕入」「売上」「繰越商品（実務では「商品」）」（資産グループ）の3つに分けます。

8. 苦手意識を持たずに仕訳ができる「意外と簡単仕訳法」　53

実務で「分記法」を採用すると、商品販売時に「商品原価（売上原価）」を把握する必要があり、卸売業、小売業など商品点数が非常に多い業種では仕訳が煩雑になりますので、「三分法」が通常は採用されています。

簿記の検定試験も「三分法」で商品売買を処理していますので、本書でも「三分法」で仕訳を説明していきます。

### 学習のポイント　商品売買の処理　分記法と三分法(2)

実務では、商品売買の処理を「分記法」で行う業種もあります。それは商品が非常に高額で一点一点管理できる場合になります。

具体的にいいますと「マンションのデベロッパー」や「建売住宅の販売業」です。これらの業種の商品は「土地」「建物」になりますので、当然一点一点管理していきます。

勘定科目は、「販売用不動産」や「販売用土地」という科目になりますが、「分記法」での処理になります。

それに対して卸売業、小売業など商品点数が非常に多く、とても一点一点商品管理できませんので「三分法」での処理になります。

54　第1章　簿記入門編

## (3) もう少し難しい「仕訳」に挑戦してみよう

### ① 商品300,000円を売り渡し、代金は掛け（売掛金）とした。

(解答欄)

| 借方科目 | 金額 | 貸方科目 | 金額 |
|---|---|---|---|
| (1) | (2) | (3) | (4) |

(借方) 売掛金という「資産」の増加　　(貸方) 売上という「収益」の増加（発生）

(答)

| 借方科目 | 金額 | 貸方科目 | 金額 |
|---|---|---|---|
| (1) 売掛金 | (2) 300,000 | (3) 売上 | (4) 300,000 |

　商品や製品の代金を後日受け取る約束で販売したときの得意先に対する代金の請求権は「売掛金」で処理します。会社間取引では「信用取引」（P59「学習のポイント」参照）が一般的なので商品や製品を「掛売上げ」した場合には上記の仕訳になります。

### ② 商品150,000円を仕入れ、代金は掛け（買掛金）とした。

(解答欄)

| 借方科目 | 金額 | 貸方科目 | 金額 |
|---|---|---|---|
| (1) | (2) | (3) | (4) |

（借方）仕入という「費用」の増加（発生）　　（貸方）買掛金という「負債」の増加

| 費用グループ | |
|---|---|
| ⊕ | |

| 負債グループ | |
|---|---|
| | ⊕ |

（答）

| 借方科目 | 金額 | 貸方科目 | 金額 |
|---|---|---|---|
| (1) 仕入 | (2) 150,000 | (3) 買掛金 | (4) 150,000 |

　商品や原材料の代金を後日支払う約束で仕入れたときの仕入先に対する支払義務は「買掛金」で処理します。

　仕入も会社間取引では「信用取引」が一般的なので商品や原材料を「掛仕入れ」した場合には上記の仕訳になります。

### ③　先日の売掛金300,000円が当社の当座預金に入金された。

（解答欄）

| 借方科目 | 金額 | 貸方科目 | 金額 |
|---|---|---|---|
| (1) | (2) | (3) | (4) |

（借方）当座預金という「資産」の増加　　（貸方）売掛金という「資産」の減少

| 資産グループ | |
|---|---|
| ⊕ | |

| 資産グループ | |
|---|---|
| | ⊖ |

（答）

| 借方科目 | 金額 | 貸方科目 | 金額 |
|---|---|---|---|
| (1) 当座預金 | (2) 300,000 | (3) 売掛金 | (4) 300,000 |

56　第1章　簿記入門編

売掛金を回収した時の仕訳になります。

④ 先日の買掛金150,000円を当社の普通預金から支払った。

(解答欄)

| 借方科目 | 金額 | 貸方科目 | 金額 |
|---|---|---|---|
| (1) | (2) | (3) | (4) |

(借方)買掛金という「負債」の減少　　　(貸方)普通預金という「資産」の減少

(答)

| 借方科目 | 金額 | 貸方科目 | 金額 |
|---|---|---|---|
| (1) 買掛金 | (2) 150,000 | (3) 普通預金 | (4) 150,000 |

買掛金を支払った時の仕訳になります。

⑤ 先日販売した商品のうち30,000円が品違いのため返品を受け、その代金30,000円は得意先の売掛金と相殺した。

(解答欄)

| 借方科目 | 金額 | 貸方科目 | 金額 |
|---|---|---|---|
| (1) | (2) | (3) | (4) |

(借方)売上という「収益」の減少　　　　（貸方）売掛金という「資産」の減少

(答)

| 借方科目 | 金額 | 貸方科目 | 金額 |
|---|---|---|---|
| (1)<br>売上 | (2)<br>30,000 | (3)<br>売掛金 | (4)<br>30,000 |

　この「取引」は、先に売り上げた商品、製品に対し値引きや返品があった場合の処理になります。
　このように売上や仕入に「値引き、返品」があったときは、元の仕訳と「逆の仕訳」になります。

| 「値引き、返品」は仕入、売上の逆仕訳 | と覚えてください。

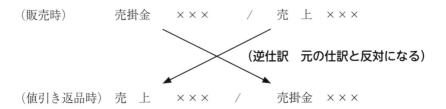

⑥　先日仕入れた商品の中に品質不良のものがあり、10,000円の値引きを受け、その代金は買掛金と相殺された。

(解答欄)

| 借方科目 | 金額 | 貸方科目 | 金額 |
|---|---|---|---|
| (1) | (2) | (3) | (4) |

(借方)買掛金という「負債」の減少　　　(貸方)仕入という「費用」の減少

(答)

| 借方科目 | 金額 | 貸方科目 | 金額 |
|---|---|---|---|
| (1) 買掛金 | (2) 10,000 | (3) 仕入 | (4) 10,000 |

　この「取引」は、先に仕入れた商品や原材料に対し値引きや返品があった場合の処理になります。
　このように売上や仕入に「値引き、返品」があったときは、元の仕訳と「逆の仕訳」になります。

「値引き、返品」は仕入、売上の逆仕訳　と覚えてください。

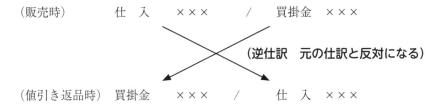

> **学習のポイント**　会社間取引は「信用取引」、ただし、回収不能(貸倒れ)に注意！
>
> 　会社間取引では、売上や仕入の際に現金決済が行われない場合が多いです。実務では「月末締めの翌月末払い」の取引が多く利用され、売上のケースでは3月の売上を3月末で集計し請求書を発行し、4月末までに相手先から預金振込みで売掛金を回収します。
>
> 　このような「掛売上げ」「掛仕入れ」のことを「信用取引」といいます。し

8. 苦手意識を持たずに仕訳ができる「意外と簡単仕訳法」　59

かし、「売掛金」は回収する前に相手の会社が倒産しますと、売掛金が回収不能になり、貸倒れ（かしだおれ）という非常に大きな損失となります。

「信用取引（掛売上げ）」をする場合には、相手の会社には「支払能力」があるか、また「信用取引の限度額」をいくらに設定するかなど、しっかりとした調査、管理が要求されます（これを「与信管理」といいます。）。

⑦－1　仕入先に仕入代金の一部100,000円を内金として現金で支払った。

－2　商品600,000円を仕入れ、上記の内金100,000円を差し引いた残額は掛とした。

(解答欄　⑦－1)

| 借方科目 | 金額 | 貸方科目 | 金額 |
|---|---|---|---|
| (1) | (2) | (3) | (4) |

(借方) 前払金という「資産」の増加　　　　(貸方) 現金という「資産」の減少

(答)

| 借方科目 | 金額 | 貸方科目 | 金額 |
|---|---|---|---|
| (1)<br>前払金 | (2)<br>100,000 | (3)<br>現金 | (4)<br>100,000 |

　会社が前払金や手付金を支払いますと簿記では「前払金」で処理します。「前払金」は「資産グループ」ですので、増加は借方（左側）になります。

60　第1章　簿記入門 編

(解答欄　⑦-2)

| 借方科目 | 金額 | 貸方科目 | 金額 |
|---|---|---|---|
| (1) | (2) | (3) | (4) |

(借方)　仕入という「費用」の増加(発生)　　(貸方)　前払金という「資産」の減少
　　　　　　　　　　　　　　　　　　　　　　　　　買掛金という「負債」の増加

(答)

| 借方科目 | 金額 | 貸方科目 | 金額 |
|---|---|---|---|
| (1)<br>仕入 | (2)<br>600,000 | (3)<br>前払金<br>買掛金 | (4)<br>100,000<br>500,000 |

　「前払金」が減少してなくなりますので、「資産グループ」の減少で貸方(右側)に「前払金」と仕訳されます。

⑧-1　得意先から商品代金の一部300,000円が内金として普通預金に入金された。

　-2　得意先に商品1,000,000円を売り渡し、上記の内金300,000円を差し引いた残額は掛とした。


(解答欄　⑧-1)

| 借方科目 | 金額 | 貸方科目 | 金額 |
|---|---|---|---|
| (1) | (2) | (3) | (4) |


(借方) 普通預金という「資産」の増加　　　(貸方) 前受金という「負債」の減少

資産グループ　　　　　　　　　　　負債グループ

(答)

| 借方科目 | 金額 | 貸方科目 | 金額 |
|---|---|---|---|
| (1)<br>**普通預金** | (2)<br>**300,000** | (3)<br>**前受金** | (4)<br>**300,000** |


　会社が前払金や手付金を受け取りますと簿記では「前受金」で処理します。

　「前受金」は「負債グループ」ですので、増加するのは貸方(右側)になります。

(解答欄　⑧-2)

| 借方科目 | 金額 | 貸方科目 | 金額 |
|---|---|---|---|
| (1) | (2) | (3) | (4) |

(借方) 前受金という「負債」の減少　(貸方) 売上という「収益」の増加（発生）
　　　売掛金という「資産」の増加

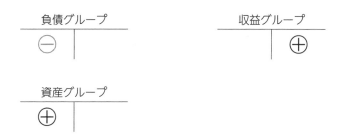

(答)

| 借方科目 | 金額 | 貸方科目 | 金額 |
|---|---|---|---|
| (1) 前受金 売掛金 | (2) 300,000 700,000 | (3) 売上 | (4) 1,000,000 |

　「前受金」が減少してなくなりますので、「負債グループ」の減少で借方（左側）に「前受金」と仕訳され、差額の700,000円を売掛金として処理します。

⑨　商品1,000,000円を海外から輸入し商品代金は普通預金から振り込んだが、関税50,000円と輸入運賃100,000円は輸入業者に現金で支払った。

(解答欄)

| 借方科目 | 金額 | 貸方科目 | 金額 |
|---|---|---|---|
| (1) | (2) | (3) | (4) |

8. 苦手意識を持たずに仕訳ができる「意外と簡単仕訳法」

(借方)仕入という「費用」の増加(発生)　　（貸方）普通預金という「資産」の減少
　　　　　　　　　　　　　　　　　　　　　　　　現金という「資産」の減少

| 費用グループ | | 資産グループ | |
|---|---|---|---|
| $\oplus$ | | | $\ominus$ |

(答)

| 借方科目 | 金額 | 貸方科目 | 金額 |
|---|---|---|---|
| (1)<br>**仕入** | (2)<br>1,150,000 | (3)<br>**普通預金**<br>**現金** | (4)<br>1,000,000<br>150,000 |

　　商品を仕入れる際に発生した「支払運賃」「関税」「荷役費」などの「仕入諸掛り」は仕入原価に加算します（P65「学習のポイント」参照）。

⑩　**商品500,000円を得意先に発送し代金は掛としたが、発送費5,000円は運送業者に現金で支払った。**

(解答欄)

| 借方科目 | 金額 | 貸方科目 | 金額 |
|---|---|---|---|
| (1) | (2) | (3) | (4) |

(借方)売掛金という「資産」の増派　　(貸方)売上という「収益」の増加(発生)
　　　発送費という「費用」の増加(発生)　　　　現金という「資産」の減少

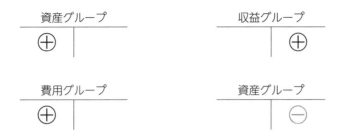

(答)

| 借方科目 | 金額 | 貸方科目 | 金額 |
|---|---|---|---|
| (1) 売掛金 発送費 | (2) 500,000 5,000 | (3) 売上 現金 | (4) 500,000 5,000 |

　商品を販売した際に発生した「支払運賃」などの「売上諸掛り」は「発送費」勘定（費用グループ）で処理します（下記「学習のポイント」参照）。

---

**学習のポイント**　「仕入諸掛り」と「売上諸掛り」の処理

・仕入諸掛り　　……商品を仕入れる際に発生した「支払運賃」「関税」
　（しいれしょがかり）　「荷役費」「支払手数料」などの費用をいいます。
　　　　　　　　　　　この「仕入諸掛り」は仕入原価に加算します。

・売上諸掛り　　……商品を販売した際に発生した「支払運賃」などの
　（うりあげしょがかり）　費用をいいます。この「売上諸掛り」は「発送費」
　　　　　　　　　　　勘定（費用グループ）で処理します。

> ・商品を仕入れ、代金は掛とした。なお、引取運賃は現金で支払った。
>
> （借方）仕　　入　×××　　｜　（貸方）買　掛　金　×××
> 　　　　　　　　　　　　　　｜　　　　現　　金　×××
>
> ・商品を販売し、代金は掛とした。なお、発送費は現金で支払った。
>
> （借方）売　掛　金　×××　　｜　（貸方）売　　上　×××
> 　　　　発　送　費　×××　　｜　　　　現　　金　×××

⑪　**備品400,000円を購入し、代金は月末払いとした。**

（解答欄）

| 借方科目 | 金額 | 貸方科目 | 金額 |
|---|---|---|---|
| (1) | (2) | (3) | (4) |

（借方）備品という「資産」の増加　　　（貸方）未払金という「負債」の増加

| 資産グループ | | 負債グループ | |
|---|---|---|---|
| ⊕ | | | ⊕ |

（答）

| 借方科目 | 金額 | 貸方科目 | 金額 |
|---|---|---|---|
| (1) **備品** | (2) **400,000** | (3) **未払金** | (4) **400,000** |

　商品、製品以外の資産の購入及び費用の未払は「未払金」で処理します。

66　第1章　簿記入門編

⑫ 銀行から設備資金10,000,000円を借り入れ、利息20,000円を差し引かれた金額が、当社の当座預金に振り込まれた。

（解答欄）

| 借方科目 | 金額 | 貸方科目 | 金額 |
|---|---|---|---|
| (1) | (2) | (3) | (4) |

（借方）当座預金という「資産」の増加　　　　（貸方）借入金という「負債」の増加
　　　　支払利息という「費用」の増加（発生）

```
     資産グループ                    負債グループ
     ─────────                    ─────────
       ⊕ │                            │ ⊕

     費用グループ
     ─────────
       ⊕ │
```

（答）

| 借方科目 | 金額 | 貸方科目 | 金額 |
|---|---|---|---|
| (1)<br>当座預金<br>支払利息 | (2)<br>9,980,000<br>20,000 | (3)<br>借入金 | (4)<br>10,000,000 |

　この取引は、「利息先払い」という取引です。10,000,000円を借りても利息を先に払いますので全額入金されません。もちろん返済額は10,000,000円になります。

　銀行などの金融機関から会社がお金を借りる場合にはこの「利息先払い」が多くなります。なお住宅ローンなど個人の借入金は「利息後払い」の取引が多いです。

8. 苦手意識を持たずに仕訳ができる「意外と簡単仕訳法」　　67

この後、費用（経費）関係の取引を見ていきます。「勘定科目リスト」を参考にして仕訳をご確認ください。

## ⑬ 従業員の慰安旅行を行い、現金300,000円を支払った。

(解答欄)

| 借方科目 | 金額 | 貸方科目 | 金額 |
|---|---|---|---|
| (1) | (2) | (3) | (4) |

(借方)福利厚生費という「費用」の増加(発生)　　　(貸方) 現金という「資産」の減少

(答)

| 借方科目 | 金額 | 貸方科目 | 金額 |
|---|---|---|---|
| (1) 福利厚生費 | (2) 300,000 | (3) 現金 | (4) 300,000 |

　会社で社員旅行を行いますと「福利厚生費」という「費用」が増加（発生）します（勘定科目の内容は、「勘定科目リスト」を参考にしてください。)。
　福利厚生費は費用グループなので「福利厚生費という費用」が増加（発生）します。
　費用の増加（発生）は借方（左側）ですので、借方（左側）は「福利厚生費」になります。

　会社は現金を支出しましたので、「現金」という「資産」が減少します。
　資産の減少は貸方（右側）ですので、貸方（右側）は「現金」になります。

⑭ 得意先を飲食店で接待し、現金40,000円を支払った。

(解答欄)

| 借方科目 | 金額 | 貸方科目 | 金額 |
|---|---|---|---|
| (1) | (2) | (3) | (4) |

(借方)交際費という「費用」の増加(発生)　　（貸方）現金という「資産」の減少

(答)

| 借方科目 | 金額 | 貸方科目 | 金額 |
|---|---|---|---|
| (1) 交際費 | (2) 40,000 | (3) 現金 | (4) 40,000 |

　得意先を飲食店で接待しますと「交際費」という「費用」が増加（発生）します（勘定科目の内容は、「勘定科目リスト」を参考にしてください。）。
　交際費は費用グループなので「交際費という費用」が増加（発生）します。
　費用の増加（発生）は借方（左側）ですので、借方（左側）は「交際費」になります。

　会社は現金を支出しましたので、「現金」という「資産」が減少します。
　資産の減少は貸方（右側）ですので、貸方（右側）は「現金」になります。

⑮ 会社所有の営業車の自動車税15,000円を現金で支払った。

(解答欄)

| 借方科目 | 金額 | 貸方科目 | 金額 |
|---|---|---|---|
| (1) | (2) | (3) | (4) |

(借方)租税公課という「費用」の増加(発生)　　　(貸方) 現金という「資産」の減少

(答)

| 借方科目 | 金額 | 貸方科目 | 金額 |
|---|---|---|---|
| (1)<br>租税公課 | (2)<br>15,000 | (3)<br>現金 | (4)<br>15,000 |

　自動車税など税金を払いますと「租税公課」という「費用」が増加(発生)します(勘定科目の内容は、「勘定科目リスト」を参考にしてください。)。
　租税公課は費用グループなので、「租税公課という費用」が増加(発生)します。
　費用の増加(発生)は借方(左側)ですので、借方(左側)は「租税公課」になります。

　会社は現金を支出しましたので、「現金」という「資産」が減少します。
　資産の減少は貸方(右側)ですので、貸方(右側)は「現金」になります。

> **コラム** 「租税公課」の意味は？
>
> 「租税公課」という言葉は日常ではあまり使いませんが、この科目は「租税」と「公課」が合体した勘定科目です。「租税」は税金、「公課」は公（おおやけ）に課されるもので飛行機の着陸料や行政に払うダムの利用料、同業者団体に支払う会費などが該当します。
>
> 英文会計では「租税公課」は「Tax and dues（タックス アンド デュース）」になります。「Tax」は税金、「Dues」は会費ですが、明治時代に簿記が導入されたときに「租税公課」と翻訳されました。

⑯ 今月の電気代45,000円が会社の普通預金から自動引き落としされた。

（解答欄）

| 借方科目 | 金額 | 貸方科目 | 金額 |
|---|---|---|---|
| (1) | (2) | (3) | (4) |

(借方) 水道光熱費という「費用」の増加（発生）　　（貸方）普通預金という「資産」の減少

（答）

| 借方科目 | 金額 | 貸方科目 | 金額 |
|---|---|---|---|
| (1)<br>水道光熱費 | (2)<br>45,000 | (3)<br>普通預金 | (4)<br>45,000 |

　会社では、水道光熱費や電話代などを自動引き落としにしているケースも多いと思います。この問題のように「普通預金」から自動引き落としされま

すと「普通預金」のマイナス、「当座預金」から自動引き落としされますと「当座預金」のマイナスになります。

⑰　今月の新聞の購読料4,000円が当座預金から自動引き落としされた。

(解答欄)

| 借方科目 | 金額 | 貸方科目 | 金額 |
|---|---|---|---|
| (1) | (2) | (3) | (4) |

(借方)新聞図書費という「費用」の増加(発生)　　（貸方）当座預金という「資産」の減少

(答)

| 借方科目 | 金額 | 貸方科目 | 金額 |
|---|---|---|---|
| (1) 新聞図書費 | (2) 4,000 | (3) 当座預金 | (4) 4,000 |

　新聞の購読料を支払いますと「新聞図書費」という「費用」が増加（発生）します（勘定科目の内容は、「勘定科目リスト」を参考にしてください。）。
　新聞図書費は費用グループなので「新聞図書費という費用」が増加（発生）します。

　当座預金から支出しましたので、「当座預金」という「資産」が減少します。
　資産の減少は貸方（右側）ですので、貸方（右側）は「当座預金」になります。

⑱　営業車の今月のリース代70,000円が当座預金から自動引き落としされた。

(解答欄)

| 借方科目 | 金額 | 貸方科目 | 金額 |
|---|---|---|---|
| (1) | (2) | (3) | (4) |

(借方)リース料という「費用」の増加(発生)　　(貸方)当座預金という「資産」の減少

(答)

| 借方科目 | 金額 | 貸方科目 | 金額 |
|---|---|---|---|
| (1) リース料 | (2) 70,000 | (3) 当座預金 | (4) 70,000 |

　リース代を支払いますと「リース料」という「費用」が増加（発生）します（勘定科目の内容は、「勘定科目リスト」を参考にしてください。）。
　リース料は費用グループなので「リース料という費用」が増加（発生）します。
　費用の増加（発生）は借方（左側）ですので、借方（左側）は「リース料」になります。

　当座預金から支出しましたので「当座預金」という「資産」が減少します。
　資産の減少は貸方（右側）ですので、貸方（右側）は「当座預金」になります。

8. 苦手意識を持たずに仕訳ができる「意外と簡単仕訳法」

⑲ シンクタンクのマーケティングセミナーに参加し、受講料50,000円を現金で支払った。

(解答欄)

| 借方科目 | 金額 | 貸方科目 | 金額 |
|---|---|---|---|
| (1) | (2) | (3) | (4) |

(借方)教育研修費という「費用」の増加(発生)　　(貸方)現金という「資産」の減少

(答)

| 借方科目 | 金額 | 貸方科目 | 金額 |
|---|---|---|---|
| (1)<br>**教育研修費** | (2)<br>50,000 | (3)<br>現金 | (4)<br>50,000 |

　セミナーの受講料などを払いますと「教育研修費」という「費用」が増加(発生)します(勘定科目の内容は、「勘定科目リスト」を参考にしてください。)。
　教育研修費は費用グループなので「教育研修費という費用」が増加(発生)します。
　費用の増加(発生)は借方(左側)ですので、借方(左側)は「教育研修費」になります。

　会社は現金を支出しましたので「現金」という「資産」が減少します。
　資産の減少は貸方(右側)ですので、貸方(右側)は「現金」になります。

⑳ 得意先とビジネスランチを取りながら会社の打合せを行い、現金7,000円を支払った。

(解答欄)

| 借方科目 | 金額 | 貸方科目 | 金額 |
|---|---|---|---|
| (1) | (2) | (3) | (4) |

(借方) 会議費という「費用」の増加 (発生)　　(貸方) 現金という「資産」の減少

(答)

| 借方科目 | 金額 | 貸方科目 | 金額 |
|---|---|---|---|
| (1) **会議費** | (2) 7,000 | (3) 現金 | (4) 7,000 |

　ビジネスランチを取りますと「会議費」という「費用」が増加（発生）します（勘定科目の内容は、「勘定科目リスト」を参考にしてください。）。
　会議費は費用グループなので「会議費という費用」が増加（発生）します。
　費用の増加（発生）は借方（左側）ですので、借方（左側）は「会議費」になります。

　会社は現金を支出しましたので「現金」という「資産」が減少します。
　資産の減少は貸方（右側）ですので、貸方（右側）は「現金」になります。

㉑-1　会社の機械の修理代として200,000円の請求書が届いたが、代金は月末に支払うことで合意した。

　-2　機械の修理を依頼した会社の銀行口座に修理代金200,000円を当社の普通預金から振り込んだ。

(解答欄　㉑-1)

| 借方科目 | 金額 | 貸方科目 | 金額 |
|---|---|---|---|
| (1) | (2) | (3) | (4) |

(借方)修繕費という「費用」の増加(発生)　　　(貸方)未払金という「負債」の増加

(答)

| 借方科目 | 金額 | 貸方科目 | 金額 |
|---|---|---|---|
| (1) 修繕費 | (2) 200,000 | (3) 未払金 | (4) 200,000 |

　機械などの修理代は「修繕費」という「費用」が増加(発生)します(勘定科目の内容は、「勘定科目リスト」を参考にしてください。)。
　修繕費は費用グループなので「修繕費という費用」が増加(発生)します。
　費用の増加(発生)は借方(左側)ですので、借方(左側)は「修繕費」になります。

　会社では、まだ代金を支払っていませんので「未払金」という「負債」が増加します。
　負債の増加は貸方(右側)ですので、貸方(右側)は「未払金」になります。

76　第1章　簿記入門編

(解答欄 ㉑-2)

| 借方科目 | 金額 | 貸方科目 | 金額 |
|---|---|---|---|
| (1) | (2) | (3) | (4) |

(借方)未払金という「負債」の減少　　（貸方）普通預金という「資産」の減少

(答)

| 借方科目 | 金額 | 貸方科目 | 金額 |
|---|---|---|---|
| (1) 未払金 | (2) 200,000 | (3) 普通預金 | (4) 200,000 |

　会社で代金を支払いましたので「未払金」という「負債」が減少します。
　負債の減少は借方（左側）ですので、借方（左側）は「未払金」になります。

　普通預金から支出しましたので「普通預金」という「資産」が減少します。
　資産の減少は貸方（右側）ですので、貸方（右側）は「普通預金」になります。

㉒　従業員の出張の際、旅費概算100,000円を現金で支払った。

(解答欄)

| 借方科目 | 金額 | 貸方科目 | 金額 |
|---|---|---|---|
| (1) | (2) | (3) | (4) |

8. 苦手意識を持たずに仕訳ができる「意外と簡単仕訳法」

（借方）仮払金という「資産」の増加）　　　　（貸方）現金という「資産」の減少

| 資産グループ | 資産グループ |
|:---:|:---:|
| ⊕ | ⊖ |

（答）

| 借方科目 | 金額 | 貸方科目 | 金額 |
|---|---|---|---|
| (1)<br>仮払金 | (2)<br>100,000 | (3)<br>現金 | (4)<br>100,000 |

　会社が従業員などに出張の旅費などを概算で払いますと「仮払金」という科目を使います。

　「仮払金」は「資産グループ」になりますので、「仮払金」の増加は借方（左側）になります。

　「旅費交通費」になるのかと思われた方もいるかもしれませんので、もう一度、勘定科目リストの「仮払金勘定」の内容を見てみましょう。

---

**仮 払 金**　　　支払は行われたが、支払目的が確定していない場合、又は支払金額が確定しない場合に一時的に処理する勘定科目です。

　　例えば、従業員が出張する場合、概算でお金を支払うことがありますが、このような場合に用いる勘定科目で、従業員が出張から戻った際には精算され、なくなります。

---

　この問題では、出張旅費を概算で支払っていますので、この従業員が出張から戻り精算されるまでは「支払金額」が確定しないため、「仮払金」を使います。

78　第1章　簿記入門編

㉓ 従業員が出張から戻り、旅費の残額10,000円を現金で受け取った。

(解答欄)

| 借方科目 | 金額 | 貸方科目 | 金額 |
|---|---|---|---|
| (1) | (2) | (3) | (4) |

(答)

| 借方科目 | 金額 | 貸方科目 | 金額 |
|---|---|---|---|
| (1) 旅費交通費<br>現金 | (2)<br>90,000<br>10,000 | (3) 仮払金 | (4)<br>100,000 |

　上記㉒の問題で、出張旅費を概算で100,000円を支払い、残額が10,000円会社に戻りましたので、ここで旅費交通費90,000円が確定します（仮払金100,000円−残額10,000円）。

　また、仮払金は精算されてなくなり、「仮払金（資産グループ）」のマイナスになりますので、左側（貸方）は「仮払金」になります。

8. 苦手意識を持たずに仕訳ができる「意外と簡単仕訳法」

㉔－1　会社の普通預金の200,000円の振込みがあったが内容が不明である。

　－2　上記を調査の結果、得意先からの売掛金の振込みであったことが判明した。

(解答欄　㉔－1)

| 借方科目 | 金額 | 貸方科目 | 金額 |
|---|---|---|---|
| (1) | (2) | (3) | (4) |

(借方) 普通預金という「資産」の増加　　　(貸方) 仮受金という「負債」の増加

(答)

| 借方科目 | 金額 | 貸方科目 | 金額 |
|---|---|---|---|
| (1) 普通預金 | (2) 200,000 | (3) 仮受金 | (4) 200,000 |

　会社の普通預金などに入金があったが内容が不明の場合には「仮受金」で処理します。
　「仮受金」は「負債グループ」になりますので、「仮受金」の増加は貸方(右側)になります。

---

**仮 受 金**　　入金が行われたが内容が不明の場合に一時的に処理する勘定科目です。

(解答欄　㉔－2)

| 借方科目 | 金額 | 貸方科目 | 金額 |
|---|---|---|---|
| (1) | (2) | (3) | (4) |

(答)

| 借方科目 | 金額 | 貸方科目 | 金額 |
|---|---|---|---|
| (1) 仮受金 | (2) 200,000 | (3) 売掛金 | (4) 200,000 |

　仮受金の原因が判明しましたので正しい勘定科目に振り替えます。そして「仮受金」はなくなりますので、「仮受金（負債グループ）」のマイナスになり、借方（左側）は「仮受金」になります。

㉕　従業員に給料500,000円を支払う際、源泉所得税30,000円、住民税20,000円、健康保険料及び厚生年金40,000円を差し引き、会社の普通預金から従業員の預金口座に振り込んだ。

(解答欄)

| 借方科目 | 金額 | 貸方科目 | 金額 |
|---|---|---|---|
| (1) | (2) | (3) | (4) |

(借方)給料という「費用」の増加(発生)　　（貸方） 預り金という「負債」の増加
　　　　　　　　　　　　　　　　　　　　　　　　普通預金という「資産」の減少

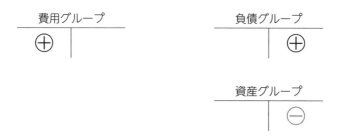

(答)

| 借方科目 | 金額 | 貸方科目 | 金額 |
|---|---|---|---|
| (1) 給料 | (2) 500,000 | (3) 預り金<br>普通預金 | (4) 90,000<br>410,000 |

　従業員から「源泉所得税、住民税、健康保険料及び厚生年金」を預かりましたので、「預り金」が増加します。
　「預り金」は「負債グループ」ですので、貸方（右側）は「預り金」と仕訳します。

> **預 り 金**　　従業員の給料から天引きして預かっている源泉所得税・住民税・社会保険料などを処理する勘定科目です。

別解として、預り金の種類ごとに分けて仕訳することもあります。

―  別解  ―

(答)

| 借方科目 | 金額 | 貸方科目 | 金額 |
|---|---|---|---|
| (1)<br>給料 | (2)<br>500,000 | (3)<br>源泉所得税預り金<br>住民税預り金<br>社会保険料預り金<br>普通預金 | (4)<br>30,000<br>20,000<br>40,000<br>410,000 |

㉖　上記㉕の従業員の源泉所得税30,000円及び住民税20,000円を現金
　で納付した。

(解答欄)

| 借方科目 | 金額 | 貸方科目 | 金額 |
|---|---|---|---|
| (1) | (2) | (3) | (4) |

(借方) 預り金という「負債」の減少　　　　(貸方) 現金という「資産」の減少

負債グループ　　　　　　　　　　資産グループ
―　　　　　　　　　　　　　　　　―

(答)

| 借方科目 | 金額 | 貸方科目 | 金額 |
|---|---|---|---|
| (1)<br>預り金 | (2)<br>50,000 | (3)<br>現金 | (4)<br>50,000 |

　源泉所得税及び住民税は従業員から預かった税金ですので、会社は従業員
から預かった「預り金」を取り崩して支払います。
　「預り金」は「負債グループ」ですので、負債のマイナスは借方（左側）
「預り金」になります。

8. 苦手意識を持たずに仕訳ができる「意外と簡単仕訳法」　83

―  別解  ―

(答)

| 借方科目 | 金額 | 貸方科目 | 金額 |
|---|---|---|---|
| (1)<br>源泉所得税預り金<br>住民税預り金 | (2)<br>30,000<br>20,000 | (3)<br>現金 | (4)<br>50,000 |

---

**学習のポイント**　源泉所得税、住民税の納付期限

　会社では、従業員から預かった源泉所得税及び住民税は翌月10日（10日が土曜日、日曜日、祝日にあたる場合は、その翌日又は翌々日が納付期限になります。）までに会社の所轄税務署及び従業員の居住する市区町村に納付する必要があります。

　例えば、4月25日が給料日の場合、翌月の5月10日が納付期限になります。特に源泉所得税は、納付が1日でも遅れますと「不納付加算税」という罰金が10%課されますので注意が必要です。

---

㉗　上記㉕の従業員から預かった健康保険料及び厚生年金40,000円に会社負担分40,000円を合わせて80,000円を現金で納付した。

（解答欄）

| 借方科目 | 金額 | 貸方科目 | 金額 |
|---|---|---|---|
| (1) | (2) | (3) | (4) |

84　第1章　簿記入門 編

(借方）預り金という「負債」の減少　　　（貸方）現金という「資産」の減少
　　　法定福利費という「費用」の増加(発生)

（答）

| 借方科目 | 金額 | 貸方科目 | 金額 |
|---|---|---|---|
| (1) 預り金<br>　　法定福利費 | (2)<br>40,000<br>40,000 | (3) 現金 | (4)<br>80,000 |

　社会保険料のうち従業員から預かった金額を払いますので「預り金」をマイナスします。社会保険料は会社も半分負担しますので（労使折半）、会社負担分は「法定福利費」という費用が発生します。

― 別解 ―
（答）

| 借方科目 | 金額 | 貸方科目 | 金額 |
|---|---|---|---|
| (1) 社会保険料預り金<br>　　法定福利費 | (2)<br>40,000<br>40,000 | (3) 現金 | (4)<br>80,000 |

> **学習のポイント**　社会保険料の納付期限
>
> 　健康保険料、厚生年金、介護保険料（40歳から64歳の方が負担）を合わせて「社会保険料」といいます。この社会保険料は会社では月末までに納付し

8. 苦手意識を持たずに仕訳ができる「意外と簡単仕訳法」　85

ますが、この納付は前月分になります。

　例えば、4月25日が給料日の場合、4月25日の給料から差し引かれる社会保険料は前月分（3月分）になります。この金額に会社負担分（こちらも3月分）を加算し3月末までに日本年金機構などに納付します。

### 学習のポイント　新入社員の社会保険料と住民税

　新入社員の初任給（例えば4月25日支給）からは社会保険料は徴収されません（4月1日入社の場合）。社会保険料は上記の学習のポイントの通り、前月分が引かれますので、4月の給料から徴収される社会保険料は3月分で、新入社員は3月はまだ会社に在籍していませんので、5月の給料から社会保険料が引かれます。

　また、住民税は1年遅れで課税されますので、入社1年目は住民税は課税されません。入社2年目の6月から前年の所得に対して住民税が課税されます。

㉘　得意先A商店が倒産し、売掛金100,000円が回収不能となった。

（解答欄）

| 借方科目 | 金額 | 貸方科目 | 金額 |
|---|---|---|---|
| (1) | (2) | (3) | (4) |

（借方）貸倒損失という「損失」の増加（発生）　　　　（貸方）売掛金という「資産」の減少

費用・損失グループ

$\oplus$

資産グループ

$\ominus$

86　第1章　簿記入門 編

（答）

| 借方科目 | 金額 | 貸方科目 | 金額 |
|---|---|---|---|
| (1)<br>**貸倒損失** | (2)<br>100,000 | (3)<br>**売掛金** | (4)<br>100,000 |

　得意先が倒産し売掛金や受取手形が回収不能となった場合には「貸倒損失」で処理します。この「貸倒損失」は「損失」になりますが、動きは「費用グループ」と同様で借方（左側）がプラスになり、貸方（右側）がマイナスになります（「損失」については（学習のポイント）を参考にしてください。）。

---

**学習のポイント**　「費用」と「損失」の違い

　上記問題㉘の「貸倒損失」は「損失」になります。この「損失」は損益計算書（P/L）の借方（左側）に入ります。そして増減も「費用グループ」と同じで借方（左側）がプラスで、貸方（右側）がマイナスになります。

　ただし、「費用」と「損失」は以下のように内容が異なります。

**費　用**　……　給料、家賃、水道光熱費、広告宣伝費など、収入や利益を獲得するための支出。

**損　失**　……　現実に会社が損をしたもので、これによって収入や利益を獲得するものではない。
　　　　　　　上記「貸倒損失」のほか「有価証券売却損」「固定資産売却損」が損失に該当し、実務では「子会社整理損」「減損損失」などがある。

---

8. 苦手意識を持たずに仕訳ができる「意外と簡単仕訳法」　　87

## 9．決算業務──売上原価の計算方法、減価償却をマスターしよう

### (1) 決算業務の内容を理解しよう

　会社や個人事業主などが損益計算書（P/L）で利益を計算する期間を「会計期間」といいます。

　この会計期間とは、個人事業主の場合は毎年1月1日から12月31日までの1年間（暦年）になりますが、会社の場合は任意の期間を設定ができます。

　会社の会計期間も通常1年です。会社の場合は、3か月での決算、半年での決算も可能ですが、年に何度も決算を行うのは煩雑なため通常は1年決算を採用しています。会計期間のスタートを「期首」、会計期間の最後を「期末」又は「決算日」と呼びます。

〈3月決算の場合〉

　上図は3月決算の例ですが、3月決算の会社は、4月1日から翌年の3月31日までの1年間が「会計期間」になります。

　また、3月31日が決算日になりますので「3月決算の会社」といいます。例えば、10月決算（1年決算）の会社は、期首が11月1日、期末が翌年の10月31日になります。

　「決算」では、会社や個人事業主は会計帳簿を締め切り、貸借対照表（B/S）及び損益計算書（P/L）という決算書を作成していきます。この一連の手続

きを実務では「決算業務」といい、簿記では「決算整理」と呼んでいます。

## ⑵ 「売上原価」の計算時期

ここでもう一度「商品売買の処理」を復習してみましょう。

簿記では、商品売買の処理については、「分記法」と「三分法」があります。「分記法」は下記の仕訳のように商品販売時に「商品原価（売上原価）」と「商品販売益」を把握していますが、「三分法」では、「売上」と売価で仕訳されますので、商品販売時に「商品原価（売上原価）」と「商品販売益」を把握していません。

卸売業、小売業など商品点数が非常に多い業種では、商品販売時に「商品原価（売上原価）」をいちいち把握できないので「三分法」が採用されています。

「三分法」では、この「売上原価」は決算の時に「決算整理事項」として把握して計算していきます。

簿記の検定試験など「学習簿記」では、売上原価の計算を年１回、決算の際に行いますが、実務では、月次（月々）又は四半期（３か月）ごとに売上原価を計算します（P93「学習のポイント」参照）。

| 取　引　例 | 分　記　法 | 三　分　法　（注） |
|---|---|---|
| 商品130円を仕入れ、代金は現金で支払った。 | 商品　130　/　現金　130 | 仕入　130　/　現金　130 |
| 上記商品のうち100円分を150円で販売し、代金は現金で受け取った。 | 現金 150 / 商品　　　100<br>　　　　　　商品販売益50<br>　　　　　　（収益グループ） | 現金　150　/　売上　150 |
| 決算に際し、商品在庫が30円あった。 | 特に仕訳の必要はなし | 繰越商品　30　/　仕入　30<br>（又は商品） |

（注）　「三分法」では、商品売買の勘定科目を「仕入」「売上」「繰越商品（実務では「商品」）」（資産グループ）の３つに分けます。

9. 決算業務──売上原価の計算方法、減価償却をマスターしよう　89

## (3)「売上原価」の計算方法

次に「売上原価」の計算方法を解説していきますが、ここではわかりやすい例として、ある八百屋の1日で説明します。

**問 題**

ある八百屋で、開店時はりんごが2個ありました。市場に行って今日はりんごを7個仕入れました。

開店後は忙しくてりんごが何個売れたかカウントできませんでしたが、閉店後にりんごの数を調べたところ、3個りんごが残っていました。

さて、りんごはいくつ売れたでしょうか？

売れたりんごの数は以下のように計算されます。

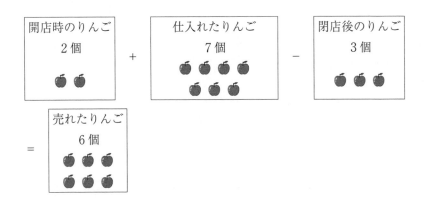

「三分法」における売上原価も今の八百屋と同様の計算になります。

### 例題

下記は1年決算で3月決算の会社とします。期首（4月1日）に2,000,000円分の商品在庫がありました。

この会計期間、1年間の仕入金額が15,000,000円、期末（決算日）（3月31日）の商品在庫が3,000,000円としますと、「売上原価」は以下のように計算されます。

期首商品　　　当期商品仕入高　　　期末商品　　　　売上原価
2,000,000円　＋　15,000,000円　－　3,000,000円　＝　14,000,000円

期首（4月1日）の商品在庫は、先ほどの八百屋の例ですと「開店時のりんご」に該当します。これに1年間の仕入をプラスして、期末（決算日　3月31日）の商品在庫をマイナスして売上原価を計算します。

期末（決算日　3月31日）の商品在庫は、先ほどの八百屋さんの例ですと「閉店後のりんご」に該当します。

すなわち、会社の「売上原価」は下記の算式により計算されます。

> **算 式** 売上原価の計算方法

$$
売上原価 = \begin{matrix} 期首の商品在庫 \\ (期首棚卸高) \end{matrix} + \begin{matrix} 当期商品 \\ 仕入高 \end{matrix} - \begin{matrix} 期末の商品在庫 \\ (期末棚卸高) \end{matrix}
$$

## (4) 損益計算書 (P/L) の記載方法

次に損益計算書 (P/L) の記載方法をご紹介します。

先ほどの例題で、この1年間の会計期間の売上を「25,000,000円」としますと、損益計算書 (P/L) は下記のように記載されます。

| | | (単位:円) |
|---|---|---|
| 【純売上高】 | | |
| 売 上 高（注1） | | 25,000,000 |
| 【売上原価】 | | |
| 期首棚卸高（注2） | 2,000,000 | |
| 商品仕入高 | 15,000,000 | |
| 合　計 | 17,000,000 | |
| 期末棚卸高（注3） | 3,000,000 | 14,000,000 |
| 売上総利益（注4） | | 11,000,000 |

(注1) 損益計算書 (P/L) では「売上高」と表示されます。

(注2) 期首の商品在庫のことです。

(注3) 期末の商品在庫のことです

(注4) 売上（売価）から売上原価をマイナスした金額で、実務では「粗利（あらり）」ともいいます。

92　第1章　簿記入門編

**学習のポイント**　実務では「売上原価」を月次又は四半期で計算する

　簿記の検定試験など「学習簿記」では、売上原価の計算を年１回、決算の際に行いますが、実務では決算まで１年間「売上原価」が把握できないのも問題がありますので、売上原価の計算は月々行う（これを「月次決算」といいます。）か、３か月ごと（これを「四半期決算」といいます。）に行っています。

　例えば、４月の売上原価を計算する場合は、「４月月初の商品在庫　＋　４月の仕入合計　－　４月月末の商品在庫」で計算し、３月決算の第一四半期（４月から６月）の売上原価を計算する場合には「４月月初の商品在庫　＋　４月・５月・６月の仕入合計　－　６月月末の商品在庫」で計算します。


**コラム**　「実地棚卸」とは？

　実務では、決算日などに、お店の中や倉庫の商品の個数を実際に数えます。これを「実地棚卸」といいます。

　皆さんも商店街のお店などで「本日、棚卸のため12時で閉店いたします。」などのような張り紙を見たことがありませんか。これはお店を閉めて商品在庫を社員一同調べているわけです。

　最近はこの「実地棚卸」の手間を軽減するために「バーコード」により商品の入出庫を管理する方法なども活用されています。

　また、「実地棚卸」をした金額を損益計算書（P/L）の「期末商品棚卸高」に計上し、当期の「売上原価」を計算しますので、「実地棚卸」の金額を間違えますと当期の利益金額が正確に計算できません。そのため、「実地棚卸」は正確に行う必要があります。


9.　決算業務――売上原価の計算方法、減価償却をマスターしよう　93

## (5)「減価償却」を理解しよう

　機械・車両・備品などのように長時間使用できるものは、使用していくうちに価値が減少し、いずれは使えなくなってしまいます。

　そこで、使えなくなったとき一度に費用としないで、使用中の各年度の決算においてその金額の一部を費用とします。

　これを**減価償却**といい、その費用を**減価償却費**（費用グループ）といいます。

　**取得原価**　……その資産の購入金額をいいます。仲介手数料や引取運賃などの付随費用がある場合には、取得原価に加算します。

　**耐用年数**　……その資産の使用できる見積り年数をいいます。
　　　　　　　　（「耐用年数」については、（P97「学習のポイント」）を参考にしてください。）

　では、事例を使って減価償却を解説します。会社が期首に貨物自動車（車両運搬具）を5,000,000円で購入しました。貨物自動車の耐用年数は5年ですので減価償却費は以下のように計算されます。

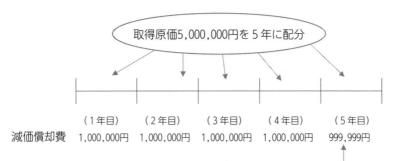

上記のように毎期の減価償却費が同額になる減価償却の方法を**定額法**といいます。定額法の計算方式は以下の通りです。

> 算 式
>
> １年分の減価償却費 ＝ 取得原価 ÷ 耐用年数

　なお、減価償却の方法として定額法のほかに定率法もありますが、本書では解説を省略します。

　では、上記の計算式を使って減価償却費の計算を行ってみましょう

（単位：円）

| 年数 | 計 算 式 | 減価償却費 | 減価償却累計額<br>（注１） | 帳簿価額<br>（注２） |
|---|---|---|---|---|
| １年目 | 5,000,000 ÷ 5年 | 1,000,000 | 1,000,000 | 4,000,000 |
| 2 | 5,000,000 ÷ 5年 | 1,000,000 | 2,000,000 | 3,000,000 |
| 3 | 5,000,000 ÷ 5年 | 1,000,000 | 3,000,000 | 2,000,000 |
| 4 | 5,000,000 ÷ 5年 | 1,000,000 | 4,000,000 | 1,000,000 |
| 5 | 1,000,000 － 1<br>（注３） | 999,999 | 4,999,999 | 1 |

（注１）　減価償却累計額とは、決算期までに減価償却した金額の合計額をいい、毎年減価償却費が加算されていきます。よって、減価償却累計額は毎年増加します。

　　（例）　２年目の減価償却累計額　1,000,000円×２年＝2,000,000円

9. 決算業務——売上原価の計算方法、減価償却をマスターしよう　95

(注2)　帳簿価額とは、取得原価から減価償却累計額を控除した金額をいいます。よって、帳簿価額は毎年減少していきます。

（取得原価）　　（減価償却累計額）　　（帳簿価額）
（例）　3年目　　5,000,000円　－　3,000,000円　＝　2,000,000円

(注3)　5年目（最終年度）は、「残存簿価　1円」が残るように減価償却費を計算します。

### 問　題

　A社（1年決算）は、冷蔵ストッカー（備品）を期首に400,000円で購入しました。冷蔵ストッカーの耐用年数は4年です。「定額法」で減価償却費を計算してください。

(解答欄)

（単位：円）

| 年数 | 計　算　式 | 減価償却費 | 減価償却累計額 | 帳簿価額 |
|---|---|---|---|---|
| 1年目 | | | | |
| 2 | | | | |
| 3 | | | | |
| 4 | | | | |

96　第1章　簿記入門編

（答）

（単位：円）

| 年数 | 計　算　式 | 減価償却費 | 減価償却累計額 | 帳簿価額 |
|---|---|---|---|---|
| 1年目 | 400,000　÷　4年 | 100,000 | 100,000 | 300,000 |
| 2 | 400,000　÷　4年 | 100,000 | 200,000 | 200,000 |
| 3 | 400,000　÷　4年 | 100,000 | 300,000 | 100,000 |
| 4 | 100,000　－　1 | 99,999 | 399,999 | 1 |

---

### 学習のポイント　減価償却で使われる用語

**固定資産**

　土地、建物、車両運搬具、備品など会社が長期間使用する資産を「固定資産」といいます。なお、土地は使用により価値が減少しませんので、減価償却の対象ではありません。

**耐用年数**

　建物、車両運搬具、備品などの固定資産の使用できる見積もりの年数をいいます。この「耐用年数」は簿記の検定試験では必ず出題されます。

　会社や個人事業主が実務で減価償却費を計算する場合の「耐用年数」は「減価償却資産の耐用年数表」（減価償却資産の耐用年数等に関する省令　別表一～別表六）を使います。

　以下はその耐用年数の一例です。

**建　　　物**　　　鉄筋コンクリート造　　　事務所用　50年　　　住宅用　47年

**車両運搬具**　　　貨物自動車　5年　　　乗用車　6年　　　バイク　3年

備　　　品　　事務机　（金属製）　15年　（木製）　8年　　コピー機　5年

### 減価償却費

　建物、車両運搬具、備品などの「減価償却」の対象となる資産を「減価償却資産」といいます。そして減価償却は「減価償却費」という科目で処理します。

　会社は建物、車両運搬具、備品などの資産を活用して売上、利益を上げていきますので「減価償却費」は**費用グループ**になります。

### 残存簿価　1円

　平成19年度税制改正において実務上では残存簿価1円を残して償却するようになりました。本来は全額の減価償却を認めていますが、全額償却して「帳簿価額　0円」になりますと使っている資産が帳簿から消えてしまいますので、使っている間は「残存簿価　1円」を残し帳簿から資産が消えないようにします。

　それ以前は取得原価の5％を残存価額として残す必要がありました。例えば、取得原価100万円の資産は95万円までの償却が認められ、残存価額として5万円を残していました。

　これはスクラップ価値（例えば、機械が使えなくなっても鉄くず代があるという意味です。）を見ていたのですが、さすがに時代に合わなくなりました（現在は、「リサイクル法」などで捨てる時に逆にお金がかかる時代です。）。

## コラム　実務経理での減価償却費の計算

簿記の検定試験では「定額法」の計算を下記の算式で行います。

**1年分の減価償却費　＝　取得原価　÷　耐用年数**

それに対して、会社や個人事業主が実務（法人税、所得税の計算）で減価償却費の計算をする場合には、下記の計算で行います。

**1年分の減価償却費　＝　取得原価　×　定額法の償却率**

（注）　定額法の償却率

| 4年　0.250 | 5年　0.200 | 6年　0.167 | 10年　0.100 |
|---|---|---|---|
| ↑ | ↑ | ↑ | ↑ |
| $\frac{1}{4}$ で計算 | $\frac{1}{5}$ で計算 | $\frac{1}{6}$ で計算 | $\frac{1}{10}$ で計算 |

（小数点3位に切上げ）

（例）　取得原価　2,000,000円　耐用年数10年　の場合の計算

取得原価　　　　定額法の償却率　　　減価償却費
2,000,000円　×　　0.100　　＝　200,000円

これは、昔「減価償却の計算」をそろばんを使って計算していた時の名残りといわれています。そろばんは「割り算」が難しく「掛け算」のほうが易しいからです。

9.　決算業務──売上原価の計算方法、減価償却をマスターしよう　　99

## (6) 減価償却の仕訳を確認しよう

① 期首に耐用年数5年のトラック（車両運搬具）を6,000,000円で購入していたが、決算において「定額法」により減価償却を行った（1年決算）。

（参考）期首の仕訳

| 借方科目 | 金額 | 貸方科目 | 金額 |
|---|---|---|---|
| 車両運搬具 | 6,000,000 | 現金預金 | 6,000,000 |

（解答欄）

| 借方科目 | 金額 | 貸方科目 | 金額 |
|---|---|---|---|
| (1) | (2) | (3) | (4) |

（借方）減価償却費という「費用」の増加（発生）　　（貸方）車両運搬具という「資産」の減少

費用グループ　　　　　　　　　　　資産グループ

$\oplus$　　　　　　　　　　　　　　$\ominus$

（答）

| 借方科目 | 金額 | 貸方科目 | 金額 |
|---|---|---|---|
| (1)<br>**減価償却費** | (2)<br>**1,200,000** | (3)<br>**車両運搬具** | (4)<br>**1,200,000** |

（注）　取得原価　6,000,000円　÷　耐用年数　5年　＝　1,200,000円

　会社では、「減価償却費という費用」が増加（発生）します。
　費用の増加（発生）は借方（左側）ですので、借方（左側）は「減価償却費」になります。

100　第1章　簿記入門 編

また、会社はトラック（車両運搬具）を１年間使用し、車（車両運搬具）の価値が下落しますので「車両運搬具という資産」が減少します。

資産の減少は貸方（右側）ですので、貸方（右側）は「車両運搬具」になります。

## ② 期首に耐用年数20年の店舗（建物）を30,000,000円で建設していたが、決算において「定額法」により減価償却を行った（１年決算）。

（解答欄）

| 借方科目 | 金額 | 貸方科目 | 金額 |
|---|---|---|---|
| (1) | (2) | (3) | (4) |

（借方）減価償却費という「費用」の増加（発生）　　（貸方）建物という「資産」の減少

費用グループ　　　　　　　　　　　資産グループ

　　　$\oplus$　　　　　　　　　　　　　　　$\ominus$

（答）

| 借方科目 | 金額 | 貸方科目 | 金額 |
|---|---|---|---|
| (1)<br>減価償却費 | (2)<br>1,500,000（注） | (3)<br>建物 | (4)<br>1,500,000 |

（注）　取得原価　30,000,000円　÷　耐用年数　20年　＝　1,500,000円

会社では、「減価償却費という費用」が増加（発生）します。

費用の増加（発生）は借方（左側）ですので、借方（左側）は「減価償却費」になります。

また、会社は店舗（建物）を１年間使用し、建物な価値が下落しますので「建物という資産」が減少します。

資産の減少は貸方（右側）ですので、貸方（右側）は「建物」になります。

9. 決算業務——売上原価の計算方法、減価償却をマスターしよう　　101

③ 12月決算の会社が耐用年数 5 年の電子計算機（備品）1,500,000円を10月に取得し、 3 か月使用した後、決算において「定額法」により減価償却を行った（ 1 年決算）。

（解答欄）

| 借方科目 | 金額 | 貸方科目 | 金額 |
|---|---|---|---|
| (1) | (2) | (3) | (4) |

（借方）減価償却費という「費用」の増加（発生）　　　　（貸方）備品という「資産」の減少

費用グループ

$\oplus$

資産グループ

$\ominus$

（答）

| 借方科目 | 金額 | 貸方科目 | 金額 |
|---|---|---|---|
| (1)<br>減価償却費 | (2)<br>75,000（注） | (3)<br>備品 | (4)<br>75,000 |

（注）　取得原価 1,500,000円 ÷ 耐用年数 5 年 × $\dfrac{3か月}{12か月}$ ＝ 75,000円

102　第 1 章　簿記入門編

**学習のポイント**　**期の中途で取得した場合は「月割り」で減価償却費を計算**

　上記の問題③のように、固定資産を期の中途（これを「期中」といいます。）で取得した場合の減価償却費の計算は「月割り」で行います。

　この場合には、1か月未満の端数は切り上げて計算しますので、12月決算で1年決算の場合には下記の月数分、減価償却費の計上が可能です。

　取得　　9月20日
　使用期間　3か月11日　→　4か月（1か月未満の端数は切上げ）

　取得　　12月25日
　使用期間　7日　→　1か月（1か月未満の端数は切上げ）

9. 決算業務──売上原価の計算方法、減価償却をマスターしよう　103

# 第 2 章 決算書の見方・読み方、経営分析 編

この章では、決算書の見方・読み方、経営分析について解説していきます。

決算書は会社の日々の取引を簿記の手法を使いでき上がったものです。よって、簿記の勉強をした後に決算書を見ると決算書の理解がスムーズに進むと思います。もし「勘定科目」など忘れてしまったら「第1章　簿記入門編」を復習してください。

「決算書」は、会社の通信簿であり、「会社及び社長が、経営に関する様々な事柄を判断し、そして1年間行動した結果」が決算書のなかの数字に表れています。したがって、決算書からはその会社の強み・弱み及び問題点が読み取れます。

実は「決算書」という名称は俗称であり、正確には会社法では「計算書類」、金融商品取引法においては「財務諸表」と定められています。

| 計算書類（会社法） | 財務諸表（金融商品取引法） |
|---|---|
| ・貸借対照表（B/S）<br>・損益計算書（P/L）<br>・株主資本等変動計算書<br>・個別注記表 | ・貸借対照表（B/S）<br>・損益計算書（P/L）<br>・株主資本等変動計算書<br>・キャッシュフロー計算書（C/S）<br>・附属明細表 |

・会社法………………日本に存在するすべての会社を対象としています。
・金融商品取引法……主に「上場会社」を対象としています。

このうち「個別注記表」と「附属明細表」は、会社の重要な会計方針を変更した場合や、固定資産の減価償却の方法、消費税の経理処理の方法、土地や建物などの固定資産の明細などを記載する補足説明になりますので、決算書といった場合は、通常は、貸借対照表（B/S）、損益計算書（P/L）、株主資本等変動計算書、キャッシュフロー計算書（C/S又はC/F。本書では以下「C/S」といいます。）をいいます。

106　第2章　決算書の見方・読み方、経営分析 編

次に「決算書」の役割についてですが、株主、債権者、金融機関、税務署などに報告する「外部公表」のためと、経営分析など「内部管理」の役割があります。

　この章では、投資目的や債権者として、投資対象会社や得意先の決算書を経営分析し、よい会社、危ない会社を見極める方法を説明していきます。

　また、自社の決算書から自社の問題点を抽出し、経営を改善していく方法、つまり、決算書を「内部管理」として利用する方法もあわせて解説していきます。

---

### 学習のポイント　主な決算書とは？　誰がどのように利用するか？

（主な決算書）
- **貸借対照表**（B/S）　バランスシート
　　　　　　　　　　　　Balance Sheet
- **損益計算書**（P/L）　プロフィット アンド ロス ステイトメント
　　　　　　　　　　　　Profit and Loss Statement
- **キャッシュフロー計算書**（C/S 又は C/F）
　　　　　　　　　　　　　　キャッシュ フロー ステイトメント
　　　　　　　　　　　　　　Cash Flow Statement
　（注）　キャッシュフロー計算書の作成、公開が義務付けられているのは上場会社のみになります。また、キャッシュフロー計算書につきましては「第3章　資金繰りとキャッシュフロー　編」で解説します。

（会社の外部関係者における決算書の利用方法）
- 株主……経営を委任した取締役が期待した利益をあげ株価の上昇と配当が期待できるか。
　　　　これから投資する人は投資する価値があるか。

- 銀行など金融機関……この会社に融資しても大丈夫か。借入金の返済の能力はあるか。

---

107

・仕入先、外注先……決算書で「与信管理（注）」を行い販売した代金や外注
　　　　　　　　　費などを全額払ってくれるか。
　（注）　相手の決算書などを分析し、その会社との取引が可能か、取引金額
　　　　は最大いくらまでかを決定すること。語源は「信用の供与」。


・国、地方公共団体……税金の計算が適切に行われているか。


（会社の内部関係者による決算書の利用方法）
　自社の決算書を経営分析に使用し、強み、弱みを見つけ、改善策を実行する。また、将来の「経営計画」「予算管理」などをするためのデータとして活用する。

# 1．損益計算書の見方・読み方と経営分析

　まず始めに損益計算書（P/L）から解説します。「**損益計算書は会社の利益を計算しているもの**」になります（会計用語では、企業の「経営成績」を明らかにしている、と表現しています。）。

　簡単にいえば、会社は今、いくら儲かっているのか、又は、損しているのかが損益計算書から読み取れるのです。

　さらに、その利益は、１年間にいくら売上があって、売上原価がいくらで、人件費や金利などの経費をいくら支払った結果出てきたか、というところまで、しっかり明示されています。

　次ページにモデル会社Ｚ社の損益計算書（P/L）を記載しましたので、これを見ながら解説していきます。

## 〔モデル会社Z社の損益計算書〕

損 益 計 算 書

（単位：百万円）

| | ×1. 1～×1. 12 | | ×2. 1～×2. 12 | |
|---|---|---|---|---|
| Ⅰ．売上高 | | 1,600 | | 2,000 |
| Ⅱ．売上原価 | | | | |
| 期 首 商 品 棚 卸 高 | 180 | | 162 | |
| 当 期 商 品 仕 入 高 | 622 | | 994 | |
| 合 計 | 802 | | 1156 | |
| 期 末 商 品 棚 卸 高 | 162 | 640 | 316 | 840 |
| 売 上 総 利 益 | | 960 | | 1,160 |
| Ⅲ．販売費及び一般管理費 | | | | |
| 給 与・賞 与・役 員 報 酬 | 304 | | 326 | |
| 交 際 費 | 50 | | 60 | |
| 減 価 償 却 費 | 32 | | 40 | |
| 支 払 運 賃 | 80 | | 100 | |
| 旅 費 交 通 費 | 60 | | 80 | |
| 広 告 宣 伝 費 | 200 | | 300 | |
| 地 代 家 賃 | 60 | | 70 | |
| 貸 倒 引 当 金 繰 入 額 | 10 | | 12 | |
| 賞 与 引 当 金 繰 入 額 | 10 | | 12 | |
| そ の 他 | 42 | 848 | 80 | 1,080 |
| 営 業 利 益 | | 112 | | 80 |
| Ⅳ．営業外収益 | | | | |
| 受 取 利 息・配 当 金 | 10 | | 14 | |
| 貸 倒 引 当 金 戻 入 | 8 | | 10 | |
| 雑 収 入 | 16 | 34 | 26 | 50 |
| Ⅴ．営業外費用 | | | | |
| 支 払 利 息 | 32 | | 80 | |
| 雑 損 失 | 18 | 50 | 10 | 90 |
| 経 常 利 益 | | 96 | | 40 |
| Ⅵ．特別利益 | | | | |
| 投 資 有 価 証 券 売 却 益 | | 10 | | 50 |
| Ⅶ．特別損失 | | | | |
| 固 定 資 産 売 却 損 | | 6 | | 10 |
| 税 引 前 当 期 純 利 益 | | 100 | | 80 |
| 法 人 税、住 民 税 及 び 事 業 税 | | 32 | | 26 |
| 当 期 純 利 益 | | 68 | | 54 |

## (1)　売上高、売上原価及び売上総利益

　Ｐ110のＺ社の「損益計算書（P/L）」を見てください。

　まず一番上には「売上高」があります。×2.1～×2.12期（以下「当期」といいます。）の売上は2,000百万円（20億円）であったことが決算書から読み取れます。

　次の区分が「売上原価」です。売上原価は次の３つから構成されています。

① 　期首商品棚卸高　　　　　　期首、すなわち、Ｚ社の場合には１月１日の営業を開始する直前にあった商品の金額です。

② 　当期商品仕入高　　　　　　当期中、１月から12月までの１年間に仕入れた商品の合計額です。

③ 　期末商品棚卸高　　　　　　期末決算日の営業終了後に在庫の商品の実数をカウントします（これを「棚卸し」といいます。）。

　「売上原価」は、期首商品棚卸高＋当期商品仕入高－期末商品棚卸高で計算されます。

　　（当期売上原価）　　（期首商品棚卸高）　　（当期商品仕入高）　　（期末商品棚卸高）
　　　840百万円　＝　　　162百万円　　＋　　994百万円　　－　　316百万円

　「売上原価」の下には「売上総利益」があります。「売上総利益」は、売上高－売上原価で計算されます。

　　（売上総利益）　　　　（売上高）　　　　　（売上原価）
　　1,160百万円　＝　　2,000百万円　　－　　840百万円

1．損益計算書の見方・読み方と経営分析　　111

「売上総利益」は一般的に「粗利（あらり）」といわれています。よく「この商品は、粗利がとれる」「粗利がとれない」という表現をします。

決算書では、この「粗利」という言葉は使われず、「売上総利益」という言葉で表示されます。

### 学習のポイント　事業年度とは

損益計算書（P/L）では、会社の利益を計算していますが、利益の計算は必ず期間の明示が必要です。すなわち、ある会社で1,000万円の利益が出たといっても、それが1日の利益なのか、1週間の利益なのか、1か月の利益なのかはわからないからです。

このように会社の利益を計算する期間のことを実務では「事業年度」といいます（ちなみに簿記・会計では「会計期間」といいます。「事業年度」は本来法人税などの税務の用語ですが、上場会社の有価証券報告書などでも「事業年度」が使われています。）。

Z社の事業年度は毎年1月1日から12月31日までです。そして、事業年度の初日のことを期首、事業年度の末日のことを期末又は決算日といいます。Z社では、期首が1月1日、期末（決算日）が12月31日になります。

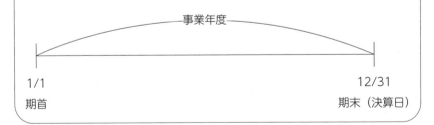

## (2) 販売費及び一般管理費

売上総利益の下には、「販売費及び一般管理費」が入ります。「販売費及び

一般管理費」とは、一般的に費用、経費といわれるものです。給料、賞与などの人件費、広告宣伝費、個人商店や事務所などの支払家賃、通信費、消耗品費、交際費、支払運賃など色々な勘定科目で表わされます。P110の損益計算書はモデル会社なので販売費及び一般管理費の数を少なくしていますが、一般的な会社の決算書では、損益計算書の「販売費及び一般管理費」は合計額で記載し、別途「販売費及び一般管理費の内訳明細書」を作成しています。

　会社の費用、経費の内訳は、この「販売費及び一般管理費の内訳明細書」を見ると一目瞭然です。

　なお、この販売費及び一般管理費は「販売管理費」と省略されることもあります。

## (3)　営業利益

　「販売費及び一般管理費」の下に、「営業利益」があります。この「営業利益」は、売上総利益から販売費及び一般管理費を差し引いて計算されます。

（営業利益）　　（売上総利益）　　　（販売費及び一般管理費）
80百万円　＝　1,160百万円　－　　　1,080百万円

　**この「営業利益」を本業の利益と呼んでいます**（新聞の経済欄に「どこどこの会社の本業の儲けを示す営業利益が当期は○○百万円出ています。」という表現がよく使われます。）。

　本業の利益という意味は、売上から売上原価、諸経費（販売費及び一般管理費）を差し引いた営業活動による金額という意味となり、この段階では、金融機関などに対する支払金利といった「財務活動」が含まれていない利益という意味です。

　この「営業利益」が多く出ている会社が本業で儲かっているといえます。

　逆に、この「営業利益」が少ない会社は本業で儲かっていないといえます。まして、この営業利益がマイナスの場合（この場合は「営業損失」とい

1．損益計算書の見方・読み方と経営分析　　113

います。）には、本業で赤字が出ていますので、売上の増加、売上原価の引下げ、又は、経費削減で販売費及び一般管理費の引下げなどの対策を早急に打たなければ、会社の存在そのものが危なくなります。

## (4) 営業外収益、営業外費用と経常利益

　営業利益の下には、「営業外収益」と「営業外費用」があります。これらの主なものとしては、「受取利息・配当金」と「支払利息・手形売却損（手形の割引料）」があります。会社の財務活動といえる財務収益、財務費用が大部分を占めます。特に中小企業では、「支払利息・手形売却損（手形の割引料）」が高いウェイトを占める会社も多くあります。

　そして、先ほどの「営業利益」に営業外収益をプラスし、営業外費用をマイナスしたものが「経常利益」になります。
　「経常利益」というのは、会社の本業の営業活動、そして、財務活動を含んだ、文字通り、**会社の経常的な活動に基づく利益**を意味し、**会社の実力が表れる利益**といわれています。銀行など金融機関や株主などの利害関係者もこの「経常利益」に注目しています。

　また、新聞の経済欄に「どこどこの会社の実力を示す経常利益が当期は○○百万円出ています。」という表現がよく使われます。

　それでは、Ｚ社の「経常利益」を計算してみましょう。

| （経常利益） | | （営業利益） | | （営業外収益） | | （営業外費用） |
|---|---|---|---|---|---|---|
| 40百万円 | ＝ | 80百万円 | ＋ | 50百万円 | － | 90百万円 |

## (5) 特別利益、特別損失、税引前当期純利益

　経常利益の下には、「特別利益」と「特別損失」があります。これは読ん

114　　第2章　決算書の見方・読み方、経営分析 編

で字のごとく、特別な利益、特別な損失を示します。例えば、本社や工場の土地を売却した利益、投資有価証券の売却益、リストラで多額の早期退職金を支払った費用、子会社の整理損や多額の不良債権を償却した損失など、臨時的に発生する利益、損失になります。

「経常利益」に特別利益をプラスし、特別損失をマイナスしたのが「税引前当期利益」です。「ぜいびきまえ・とうき・じゅんりえき」と読み、税金を差し引く前の利益です。

それでは、Z社の「税引前当期純利益」を計算してみましょう。

（税引前当期純利益）　　（経常利益）　　（特別利益）　　（特別損失）
　　80百万円　　　＝　　40百万円　　＋　　50百万円　　－　　10百万円

---

## (6)　法人税、住民税及び事業税と当期純利益

会社が利益をあげますと、法人税・住民税・事業税が課税されます。現在3つの税金を合わせた実効税率（利益に対して何％の税金を払うか、という率）」は、約31％です。つまり、1億円の利益が出たとすると、税金は約3,100万円です。

この税金を「税引前当期純利益」の下に「法人税、住民税及び事業税」として表示してます。

「税引前当期純利益」から「法人税、住民税及び事業税」を差し引いた金額が「当期純利益」です。税金を差し引いた後の利益ですので、「税引後当期純利益」とも呼びます。

それでは、Z社の「当期純利益」を計算してみましょう。

（当期純利益）　（税引前当期純利益）　（法人税、住民税及び事業税）
　54百万円　＝　　　80百万円　　　－　　　　26百万円

1．損益計算書の見方・読み方と経営分析　　115

Ｚ社の「当期純利益」を見ますと、×1.1〜×1.12期（以下「前期」といいます。）が68百万円、当期は54百万円と「経常利益」ほど落ち込んでいません（経常利益は、前期96百万、当期40百万です。）。

その理由は、「特別利益」にあります。当期には「投資有価証券売却益50百万」が計上されているからです。すなわち、この会社では経常利益の落ち込みを、含み益のある投資有価証券を売却して穴埋めしています。

逆に、経常利益は出ているのに、特別損失で多額の子会社整理損や不良債権の償却をしているため「当期純損失」になっている場合もあります。

このように、当期純利益、当期純損失で会社の状態を判断すると誤る場合もありますので、必ず会社の実力である「経常利益」で判断してください。そして、経常利益と当期純利益に多額の差があるときは、必ず特別利益、特別損失をチェックしてみてください。

---

### コラム　2000年、（株）光通信の株価急落

西暦2000年に、（株）光通信の株価が最高高値24万1,000円から1,610円に急落しました。同年の決算報告書をみると「当期純利益」は約62億円を計上していました。ところが、「営業利益」を見ると▲113億円となっています。すなわち、営業損失を113億円も計上していたわけです。

当時はIT、ネットバブルの真最中で（株）光通信も未公開会社に多額の出資をしていました。それらの企業が上場し、多額のキャピタルゲインを手にして当期利益を計上したのですが、本業では儲かっていなかったわけです。含み益のある有価証券は無限にあるわけではないので、それらを売却し終わると最終的に赤字になる可能性が大きいため、株価が急落したというわけです。

**学習のポイント** 　**損益計算書（P/L）の5つの利益**

損益計算書（P/L）には、以下の5つの利益があります。各利益の内容は次の通りです。

○売上総利益

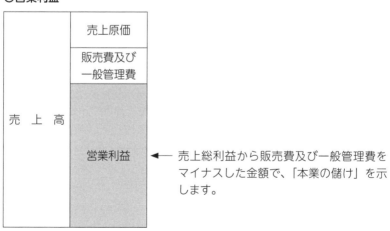

○営業利益

## ○経常利益

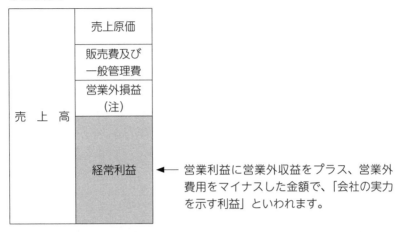

営業利益に営業外収益をプラス、営業外費用をマイナスした金額で、「会社の実力を示す利益」といわれます。

（注） 営業外収益と営業外費用を通算した金額を「営業外損益」といいます。

## ○税引前当期純利益

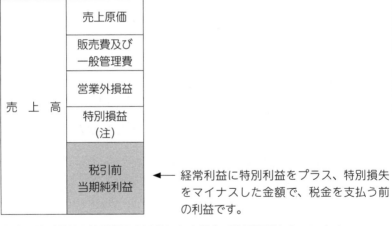

経常利益に特別利益をプラス、特別損失をマイナスした金額で、税金を支払う前の利益です。

（注） 特別利益と特別損失を通算した金額を「特別損益」といいます。

## ○当期純利益

| 売　上　高 | 売上原価 |
| | 販売費及び一般管理費 |
| | 営業外損益 |
| | 特別損益 |
| | 法人税、住民税及び事業税 |
| | 当期純利益 |

当期純利益 ◀── 税引前当期純利益から法人税、住民税及び事業税をマイナスした金額で、「税引後の当期純利益」になります。

---

### ⑺　当期の決算を一言で総括する──増収と減収、増益と減益

　Z社の損益計算書（P/L）から該当する数字を記入し、以下の主要損益分析表を作成します。

　主要損益分析表は、損益計算書の主な数値を記入します。損益計算書を経営分析する場合は、この主要損益分析表で主な数値を掴んでから細かい数字を見ていくのがポイントです。

1. 損益計算書の見方・読み方と経営分析　119

## 主　要　損　益　分　析　表

（単位：百万円）

| 項　　目 | 前　期<br>×1.1～×1.12期 | 当　期<br>×2.1～×2.12期 | 増　減 | 対前期比 | |
|---|---|---|---|---|---|
| 売　上　高 | 1,600 | 2,000 | 400 | 125.0% | ←① |
| 売　上　原　価 | 640 | 840 | 200 | 131.3% | |
| 売上総利益 | 960 | 1,160 | 200 | 120.8% | |
| 販売管理費 | 848 | 1,080 | 232 | 127.4% | |
| 営　業　利　益 | 112 | 80 | △32 | 71.4% | ③ |
| 経　常　利　益 | 96 | 40 | △56 | 41.7% | ←② |

増減＝当期－前期（マイナスの場合は△を付けてください。）

対前期比＝前期を100としたときの当期の数値（少数点以下第2位四捨五入
　　　　　第1位まで）
　　　　＝当期÷前期×100

　Ｚ社の当期（×2.1～×2.12期）の売上高は2,000百万円、前期（×1.1～
×1.12期）の売上高は1,600百万ですので、当期は前期に比較して400百万円
売上が増加しています。対前期比は125.0％ですので当期は前期の売上の
25％アップになっています（「主要損益分析表」の①の数字です。）。

　このように、前期に比べて当期の売上が増えているのが「**増収**」になりま
す。逆に、前期に比べて当期の売上が減少していたら「**減収**」になります。
Ｚ社の当期は400百万円対前期比125％と売上が増加していますので、大幅な
増益といえます。

　次に、Ｚ社の経常利益を見ていきます。経常利益は当期は前期に比較して
56百万円減少しています。対前期比は41.7％ですので、当期は前期の経常利
益の58.3％ダウンしています（「主要損益分析表の②の数字です。）。

　このように、前期に比べて当期の経常利益が減少しますと「**減益**」になり

120　第2章　決算書の見方・読み方、経営分析 編

ます。逆に、前期に比べて当期の経常利益が増加しますと「**増益**」になります。

よって、Z社の当期の決算を一言で総括しますと「**増収・減益**」の決算といえます（決算のパターンは「学習のポイント」を参照してください。）。

**学習のポイント**　決算の４つのパターン

① 増収・増益　　売上が増加し経常利益も増えている理想の状態。

② 増収・減益　　売上は増加しているが、経常利益が減少している状態。
　　　　　　　　原因が明確な場合は良いが「売上原価率」が上昇している場合などは注意が必要。

③ 減収・減益　　売上が減少し経常利益も減っている状態。
　　　　　　　　一時的な現象なら良いが、この状態が続くと会社はじり貧に。

④ 減収・増益　　自然にはならないが、不採算店の閉店や不採算部門からの撤退など絞り込みをかけると減収・増益になる場合がある。

1．損益計算書の見方・読み方と経営分析　　121

## (8) 増収・減益の理由は

次にＺ社が「増収・減益」になった原因を見ていきましょう。

「売上総利益」の増減を見ますと、200百万円増加しています。これは望ましい傾向ですが、もう１つ注目してほしいのが、「販売管理費」の増減との関係です。「販売管理費」の増減はどうなっているでしょうか。「販売管理費」も232百万円増加しています。しかも、「売上総利益」の増加額である200百万円よりも「販売管理費」の増加額が32百万円多いため、「営業利益」は逆に32百万円減少しています（「主要損益分析表の③の数字です。売上総利益の増加（＋）200百万円から販売管理費の増加232百万円をマイナスすると営業利益の△32百万円になります。200－232＝△32）。

### 主 要 損 益 分 析 表

（単位：百万円）

| 項　　目 | 前　　期 | 当　　期 | 増　　減 | 対前期比 |
|---|---|---|---|---|
| 売 上 高 | 1,600 | 2,000 | 400 | 125.0% |
| 売 上 原 価 | 640 | 840 | 200 | 131.3% |
| 売上総利益 | 960 | 1,160 | 200（＋）③ | 120.8% |
| 販売管理費 | 848 | 1,080 | 232（－） | 127.4% |
| 営 業 利 益 | 112 | 80 | △32　③ | 71.4% |
| 経 常 利 益 | 96 | 40 | △56 | 41.7% |

Ｚ社では、売上が増加し、売上総利益も増加しましたが、それ以上に販売費及び一般管理費が増加したため営業利益、経常利益が減少しました。

このような結果が出るとすぐに経営が悪くなっていると判断してしまいがちですが、経営分析というのは、決算書という一時点を分析していますので、例えば、当期は新規店舗を出店して出店コストが増大した、人員を多く採用し人件費が増大した、又は新製品販売のため広告宣伝に力を入れたなど、一時的に「販売管理費」が増加したためであり、翌期の利益につながるような明確な目的があれば問題はありません（もちろん、翌期に実際に利益

122　　第2章　決算書の見方・読み方、経営分析 編

が上がっているかどうかの検証は必要です。このため、経営分析は必ず複数
年度行ってください。）。

　もう１つ大切なことは、「販売管理費」のどの科目が増加しているかの
チェックです。Ｚ社の「販売費及び一般管理費」を見ますと、「給与・賞
与・役員報酬」「交際費」「支払運賃」「旅費交通費」「広告宣伝費」といった
科目が増えています。
　このように、人員を増員し「給与・賞与・役員報酬」の人件費が増加した
り、「広告宣伝費」などの費用が増加している場合には、その効果として売
上や売上総利益が増加しているかを当期及び翌期にわたってチェックをして
ください。

　また、自社の決算書の場合には、例えば旅費交通費でしたら「旅費交通費
の中で何が増えているのか」を確認するための勘定科目の内訳明細を作成し
てみてください。会計ソフトを使用していれば、定期券代・タクシー代・ガ
ソリン代・出張旅費といった補助科目を設定することにより、内訳を簡単に
計算できると思います。それをもとに無駄な販売管理費の支出を削減するこ
とができます。

1. 損益計算書の見方・読み方と経営分析　　123

## 学習のポイント　経営分析は時点分析──決算書・経営分析の限界

　損益計算書（P/L）はその年の利益を表し、経営分析はその時点の分析です。将来を見ているわけではありません。よって、決算書の数字が悪くても、

・新入社員が多く入り教育中、翌期は戦力になる

・当期は新規出店が多く、出店コストがかさんだが翌期はこれらの店舗がフル稼働する

・新製品、新商品ための広告宣伝費を多額にかけたが翌期は売上の増加が見込める

・新規市場開拓のコストがかさんだが翌期はその効果が出る

など理由が明確な場合は OK です。

　ただし、翌期以降、予定通り利益が出ているかをチェックすることは必要です。

## (9) 売上原価率と売上総利益率

それでは、実際に損益計算書を経営分析していきたいと思います。

正解も付けてありますが、Z社は数字を簡単にしてやさしく計算できるようにしてありますので、是非電卓をたたいて実際に計算してみてください。

売上高に示す売上原価の割合を計算したのが「売上原価率」、売上高に示す売上総利益の割合を計算したのが「売上総利益率」になります。

---

**算 式**

$$売上原価率 = \frac{売上原価}{売上高} \times 100$$

(小数点第 2 位四捨五入、第 1 位まで計算してください。以下同様とします。)

---

(解答欄)

| 前　　　期 | 当　　　期 |
|---|---|
| $\dfrac{(\qquad\qquad)}{(\qquad\qquad)} \times 100$ | $\dfrac{(\qquad\qquad)}{(\qquad\qquad)} \times 100$ |
| ＝　　　　　% | ＝　　　　　% |

(答)

| 前　　　期 | 当　　　期 |
|---|---|
| $\dfrac{(\quad 640 \quad)}{(\quad 1,600 \quad)} \times 100$ | $\dfrac{(\quad 840 \quad)}{(\quad 2,000 \quad)} \times 100$ |
| ＝　　40.0　% | ＝　　42.0　% |

1．損益計算書の見方・読み方と経営分析　　125

**算 式**

$$売上総利益率 = \frac{売上総利益}{売上高} \times 100$$

（小数点第2位四捨五入、第1位まで計算してください。以下同様とします。）

（解答欄）

| 前　　　期 | 当　　　期 |
|---|---|
| $\dfrac{(\quad\quad\quad\quad\quad)}{(\quad\quad\quad\quad\quad)} \times 100$ | $\dfrac{(\quad\quad\quad\quad\quad)}{(\quad\quad\quad\quad\quad)} \times 100$ |
| ＝　　　　　　％ | ＝　　　　　　％ |

（答）

| 前　　　期 | 当　　　期 |
|---|---|
| $\dfrac{(\quad 960 \quad)}{(\quad 1,600 \quad)} \times 100$ | $\dfrac{(\quad 1,160 \quad)}{(\quad 2,000 \quad)} \times 100$ |
| ＝　　60.0　％ | ＝　　58.0　％ |

　この「売上原価率」「売上総利益率」は、原価がある業種はしっかりと管理したい経営指数になります。卸売業、小売業の場合は「売上原価率」、製造業（メーカー）の場合は「製造原価率」、建設業の場合は「工事原価率」になります。また、飲食業は「売上原価率」ともいいますが、「食材比率」「フードコスト」とも呼ばれています。サービス業は一般的に原価はわずかなので、それほど重視しなくても大丈夫です。

　よくある質問で、「売上総利益率は何％がいいのか？」と聞かれますが、これは業種、業態で違いがあるので一概にいえません。例えば100円ショップのように薄利多売の会社は、売上総利益率は低いですし、高級家具などを扱っている会社は売上総利益率が高い傾向にあります。自社と同業他社の数

値を参考にするのも1つの方法ですが、是非自社の数値の推移に注目してください。

ここ数年は、「売上原価率」が増加し、反対に「売上総利益率」は減少している会社が多いように思います。すなわち、売上総利益（粗利）が取りにくくなっているということです。

「売上原価率」が上昇している原因は、仕入価格や材料費が高騰しているのにもかかわらず、その値上がりを売価に転嫁できないケースや、競争が激しくて無理な値引きをしていて分母の売上高（正確には「売価」）が抑えられているケースなどが考えられます。

[売上原価率、売上総利益率の業種別目安]

|  | 売上原価率 | 売上総利益率 |
|---|---|---|
| 建設業 | 80%～85% | 15%～20% |
| 製造業 | 75%～80% | 20%～25% |
| 卸売業 | 84%～91% | 9%～16% |
| 小売業 | 67%～75% | 25%～33% |
| 飲食業 | 30%～45% | 55%～70% |

**学習のポイント**　「売上原価率」と「売上総利益率」はセットで見る

$$\text{売上原価率} = \frac{\text{売上原価}}{\text{売上高}} \times 100$$

$$\text{売上総利益率} = \frac{\text{売上総利益}}{\text{売上高}} \times 100$$

合計すると必ず100%になる

**両者は反比例の関係**

売上原価率 高くなる ↗　（売上原価率） $\frac{\text{売上原価}}{\text{売上高}} \times 100$　売上原価率 低くなる ↘

売上総利益率 低くなる ↘　（売上総利益率） $\frac{\text{売上総利益}}{\text{売上高}} \times 100$　売上総利益率 高くなる ↗

**売上原価率が上昇する原因　その1**

↗（原価が上がる）
$\frac{\text{売上原価}}{\text{売上高}} \times 100$　仕入金額や材料費の値上がりを売価に転嫁できないケースなど

**売上原価率が上昇する原因　その2**

$\frac{\text{売上原価}}{\text{売上高}} \times 100$　競争が激しく売価の無理な値下げをしたケースなど
↘（売価が下がる）

## ⑽ 営業利益率と売上高経常利益率

「営業利益率」は、本業の儲けである営業利益が売上の何%出ているかを計算している経営指数です。

**算 式**

$$営業利益率 = \frac{営業利益}{売上高} \times 100$$

この「営業利益率」は、もちろん高いことが好ましいですが、卸売業、商社、薄利多売の量販店など利幅が低い（売上原価率が高く、売上総利益率が低い）業種は低くなります。

Z社の「営業利益率」を計算してみましょう。

（解答欄）

| 前　　　　　期 | 当　　　　　期 |
|---|---|
| $\dfrac{(\qquad\qquad)}{(\qquad\qquad)} \times 100$ | $\dfrac{(\qquad\qquad)}{(\qquad\qquad)} \times 100$ |
| ＝　　　　　％ | ＝　　　　　％ |

（答）

| 前　　　　　期 | 当　　　　　期 |
|---|---|
| $\dfrac{(\quad 112 \quad)}{(\quad 1,600 \quad)} \times 100$ | $\dfrac{(\quad 80 \quad)}{(\quad 2,000 \quad)} \times 100$ |
| ＝　　7.0　％ | ＝　　4.0　％ |

1．損益計算書の見方・読み方と経営分析　　129

このＺ社では、前期は売上の7.0％の営業利益を出し、当期は4.0％の営業利益を出していることがわかります。

次に「売上高経常利益率」を計算します。
「売上高経常利益率」は、会社の実力を示す経常利益が売上の何％出ているかを計算している経営指数です。

---

**算　式**

$$売上高経常利益率 = \frac{経常利益}{売上高} \times 100$$

---

この「売上高経常利益率」も高いことが好ましく「売上高経常利益率」が10％以上ありますと「高収益企業」といわれます。やはり卸売業、商社、薄利多売の量販店など利幅が低い（売上原価率が高く、売上総利益率が低い）業種は低く計算されます。

Ｚ社の「売上高経常利益率」を計算してみましょう

（解答欄）

| 前　　　　　期 | 当　　　　　期 |
|---|---|
| $\dfrac{(\phantom{XXXXXXXXXX})}{(\phantom{XXXXXXXXXX})} \times 100$ | $\dfrac{(\phantom{XXXXXXXXXX})}{(\phantom{XXXXXXXXXX})} \times 100$ |
| ＝　　　　　　％ | ＝　　　　　　％ |

（答）

| 前　　　　　期 | 当　　　　　期 |
|---|---|
| $\dfrac{(\quad 96 \quad)}{(\quad 1{,}600 \quad)} \times 100$ | $\dfrac{(\quad 40 \quad)}{(\quad 2{,}000 \quad)} \times 100$ |
| ＝　　6.0　％ | ＝　　2.0　％ |

　このＺ社では、前期は売上の6.0%の経常利益を出していますが、当期の売上高経常利益率は2.0%と急落しています。

1．損益計算書の見方・読み方と経営分析　　131

**学習のポイント**　営業利益率と売上高経常利益率

$$営業利益率 = \frac{営業利益}{売上高} \times 100 \quad （高い方がいい）$$

$$売上高経常利益率 = \frac{経常利益}{売上高} \times 100 \quad （高い方がいい）$$

数字の目安

[売上高経常利益率]

| 超優良 | 15％以上 |
|---|---|
| 優　良 | 10％～14％ |
| 良 | 5％～9％ |
| 並 | 2％～4％ |
| 危　険 | 1％未満 |

[卸売業、商社、量販店など利幅の薄い業種の売上高経常利益率]

| 超優良 | 8％以上 |
|---|---|
| 優　良 | 6％～7％ |
| 良 | 3％～5％ |
| 並 | 1％～2％ |
| 危　険 | 1％未満 |

## ⑾ 営業利益に占める正味支払金利の割合

「営業利益に占める正味支払金利の割合」を計算してみましょう。ちょっと耳慣れない経営分析かもしれませんが、下記の算式になります。

---

**算 式**

$$\text{営業利益に占める正味支払金利の割合} = \frac{\text{正味支払金利（支払利息・割引料－受取利息・配当金）}}{\text{営 業 利 益}} \times 100$$

（注）割引料は、決算書では「手形売却損」「手形譲渡損」と表示されます。

---

分子は支払利息・割引料から受取利息・配当金を差し引いた、正味の支払金利を計算しています。この数値がマイナスになることがありますが、これは、支払利息・割引料よりも受取利息・配当金が多い状態を指します。つまり、無借金会社など財務内容の良い会社ということになりますので、この指数を気にする必要はありません。

分母は、「営業利益」です。「営業利益」は本業の儲けです。この指数は、営業利益（本業の儲け）のうち何％を金融機関などに金利として支払っているかを指しています。この指数は、30％以下が健全とみられる目安です。30％超になりますと、だんだんと資金繰り（キャッシュフロー）が悪化していきます。わずか30％と思われるかもしれませんが、これは金利だけの計算です。実際には金利に加えて借入金元本も返済していますので、是非とも30％以下に抑えてください。

50％超になりますと、せっかく本業で稼いでも、半分が支払利息・割引料と銀行の支払に充てられますので、会社には半分の50％しか営業利益が残りません。

さらに、営業利益に占める正味支払金利の割合が80％～90％になりますと

1．損益計算書の見方・読み方と経営分析　133

本業の儲け（営業利益）の大半が銀行など金融機関の支払利息・割引料の支払に消え、会社には営業利益の10％～20％ほどしか残りませんので、当然資金繰り（キャッシュフロー）はますます悪化していきます（下記「数字の目安」参考）。

　この「営業利益に占める正味支払金利の割合」が100％を超えますと、本業の儲け（営業利益）の全額を支払利息・割引料に充ててもまだ不足しているということですので、このような状態が何年か続きますと最悪倒産してしまいます。

（解答欄）

| 前　　　　期 | 当　　　　期 |
|---|---|
| $\dfrac{(\qquad-\qquad)}{(\qquad\qquad)}\times100$ | $\dfrac{(\qquad-\qquad)}{(\qquad\qquad)}\times100$ |
| ＝　　　　　　％ | ＝　　　　　　％ |

（答）

| 前　　　　期 | 当　　　　期 |
|---|---|
| $\dfrac{(\quad32\ -\ 10\quad)}{(\quad112\quad)}\times100$ | $\dfrac{(\quad80\ -\ 14\quad)}{(\quad80\quad)}\times100$ |
| ＝　　19.6　％ | ＝　　82.5　％ |

　Ｚ社の前期の「営業利益に占める正味支払金利の割合」は19.6％と健全ですが、当期は82.5％と悪化しています。この数字は本業の儲けの82.5％が支払利息として銀行など金融機関に支払われており、会社には本業の儲けの17.5％（100％－82.5％）しか残らないという意味です。

　この営業利益に占める正味支払金利の割合は低い方が良いということはおわかりいただけたと思います。それでは、この数値を下げるためにはどうしたらいいでしょうか。

134　　第2章　決算書の見方・読み方、経営分析 編

1つの方法として、分子の正味支払金利を下げる方法があります。しかし、正味支払金利を下げるには、支払利息・割引料を下げるか、受取利息・配当金を上げるかですが、これは、資金繰りの厳しい会社が支払利息・割引料を下げたり、この低金利の時代、受取利息・配当金を上げることは不可能に近いと思います。

　もう1つの方法は、分母の「営業利益」を上げることです。
「営業利益」は、以下の算式で計算されます。

> **算　式**
>
> **営業利益 ＝ 売上高 － 売上原価 － 販売費及び一般管理費**

　すなわち、営業利益を上げるには、「売上高を上げるか」「売上原価を下げるか」「販売費及び一般管理費を下げるか」の3つの方法があるのです。

　経営判断になりますが、例えば、新規顧客の開拓、リピーター客の増大、売れ筋商品を増やすなどにより、売上の増加が見込めないか、新しい仕入ルートの開拓、飲食業でしたら食材の廃棄を減らすなどして、売上原価を下げられないか、また、経費の見直しにより販売費及び一般管理費を減少できないかなどを考えてください。

　この営業利益に占める正味支払金利の割合は、売上高、売上原価、販売費及び一般管理費、及び分子には企業の財務活動が入っています。したがって、この指数が良くなる（下がる）ことは経営全体が良くなっていることを示しています。逆に、この指数が悪くなる（上がる）ことは経営全体が悪くなっていることを示しています。

1．損益計算書の見方・読み方と経営分析　　135

[営業利益に占める正味支払金利の割合]

| 超優良 | 5％未満〜無借金 |
| --- | --- |
| 優　良 | 5％〜10％未満 |
| 良 | 10％〜20％未満 |
| 並 | 20％〜30％以下 |
| 注　意 | 30％超〜50％以下 |
| 黄色信号 | 50％超〜100％未満 |
| 危　険 | 100％以上 |

### コラム　マイカル倒産の予兆は2年以上前から決算書に表れていた

マイカルの「営業利益に占める正味支払金利の割合」

（平成12年2月期）　　　　（平成13年2月期）

　　　142.1%　　　　　　　　104.0%

　平成13年秋に経営破綻した株式会社マイカルの決算書を分析すると、その直近2年間の「営業利益に占める正味支払金利の割合」はいずれも100％を超えていました。すなわち、株式会社マイカルは本業の儲けである「営業利益」の全額を支払金利に充当しても、まだ支払は不足していたわけです。

**学習のポイント**　営業利益に占める正味支払金利の割合を下げる方法

「営業利益に占める正味支払金利の割合」を下げる（改善する）には分子、分母の数字を以下の方向にする必要があります。

（注）　割引料は、決算書では「手形売却損」「手形譲渡損」と表示される。

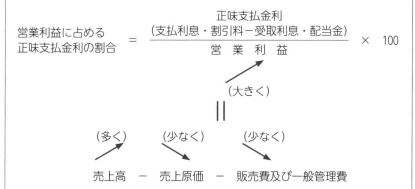

資金繰り（キャッシュフロー）が悪い会社が分子の「正味支払金利」を下げるのは不可能なので、分母の「営業利益」を上げます。

営業利益を上げるには、3つの方法があります。
・売上を上げる
・売上原価（コスト）を下げる
・販売費及び一般管理費を下げる（経費の削減）

（分子）財務を示す

営業利益に占める　　　　　　　正味支払金利
正味支払金利の割合　＝　(支払利息・割引料－受取利息・配当金) × 100
　　　　　　　　　　　　　　　　営　業　利　益

（分母）本業を示す

※　数字が低い（又は分子がマイナス）　　本業も財務も良好

※　数字が高い　本業が悪い、財務が悪い　又は　本業も財務も悪い

（改善は上記を参照）

## 2．貸借対照表の見方・読み方と経営分析

　次に貸借対照表を解説します。「**貸借対照表は会社の財産を表示しているもの**」になります（会計用語では、企業の「財政状態」を表示していると表現しています。）。

　簡単にいえば、会社は現金預金などのプラスの財産がいくらあり、また将来返済しなければならない借入金などのマイナスの財産（負債）がいくらあるかが貸借対照表から読み取れるのです。

　Ｚ社の貸借対照表（B/S）を記載しましたので、これを見ながら解説していきます。

## 〔モデル会社Ｚ社の貸借対照表〕

# 貸 借 対 照 表

（単位：百万円）

| 科　目 | ×1.12 | ×2.12 | 科　目 | ×1.12 | ×2.12 |
|---|---|---|---|---|---|
| Ⅰ流動資産 | [902] | [1,060] | Ⅰ流動負債 | [608] | [922] |
| 　現金預金 | 400 | 420 | 　支払手形 | 210 | 412 |
| 　受取手形 | 134 | 106 | 　買掛金 | 138 | 166 |
| 　売掛金 | 180 | 190 | 　未払金 | 98 | 42 |
| 　商品 | 162 | 316 | 　短期借入金 | 112 | 270 |
| 　未収入金 | 36 | 40 | 　賞与引当金 | 10 | 12 |
| 　貸倒引当金 | △10 | △12 | 　未払法人税等 | 40 | 20 |
|  |  |  |  |  |  |
|  |  |  | Ⅱ固定負債 | [360] | [394] |
| Ⅱ固定資産 | [240] | [458] | 　社債 | 100 | 94 |
| 　1．有形固定資産 | (160) | (370) | 　長期借入金 | 260 | 300 |
| 　　建物 | 44 | 100 |  |  |  |
| 　　備品 | 40 | 60 |  |  |  |
| 　　車輌 | 16 | 20 |  |  |  |
| 　　土地 | 0 | 140 | 　負債合計 | 968 | 1,316 |
| 　　建設仮勘定 | 60 | 50 | Ⅰ株主資本 |  |  |
| 　2．無形固定資産 | (50) | (66) | 　1．資本金 | [100] | [100] |
| 　　電話加入権 | 10 | 16 |  |  |  |
| 　　ソフトウェア | 40 | 50 | 　2．利益剰余金 | [74] | [122] |
| 　3．投資その他の資産 | (30) | (22) | 　　利益準備金 | 4 | 6 |
| 　　投資有価証券 | 30 | 10 | 　　繰越利益剰余金 | 70 | 116 |
| 　　関係会社株式 | 0 | 12 |  |  |  |
|  |  |  |  |  |  |
| Ⅲ繰延資産 | [0] | [20] |  |  |  |
| 　開発費 | 0 | 20 |  |  |  |
|  |  |  | 　純資産合計 | 174 | 222 |
| 　資産合計 | 1,142 | 1,538 | 負債・純資産合計 | 1,142 | 1,538 |

140　　第2章　決算書の見方・読み方、経営分析 編

## (1) 流動資産とは

貸借対照表（B/S）の借方（左側）にはプラスの財産である「資産」が入ります。

貸借対照表（B/S）では資産をいくつかに区分して表示しますが、最初に表示されるのが「流動資産」になります。

「流動資産」は現金及び預金と1年以内に現金化される資産をいいます（これを「1年基準」又は「ワンイヤールール」といいます。）。

Z社の「流動資産」に「受取手形」があります。日本で発行される手形には60日、90日、120日と期日がありますが、少なくとも1年以内には満期が来て現金化されます。

また、「売掛金」「未収入金」も通常1年以内に期日が来て現金化されます。「商品」も販売すれば現金になります。

さらに、通常の営業過程にあるもの、具体的には、商品・製品・仕掛品（しかかりひん。製造業で製造過程にあるもの）、売掛金・受取手形は、たとえ現金化まで1年以上かかっても流動資産に表示されます（これを「正常営業循環基準」といいます。）。

正常営業循環基準の対象になるのは、足の遅い（販売まで時間がかかる）商品・製品、具体的には高級家具、宝石などと、仕掛品ではお酒などがあります。例えば日本酒、ワイン、ウイスキーなどは熟成のため製品が完成するまで1年以上かかることがありますが、「仕掛品」として「流動資産」に記載されます。

また、流動資産の最後に「貸倒引当金」があります。この貸倒引当金が「△（マイナス）」の表示になり回収不能の予想額を表しています。Z社の貸借対照表に「受取手形」「売掛金」がありますが、これらは「売掛債権（又

2. 貸借対照表の見方・読み方と経営分析　　141

は売上債権）」といい、売ったけれどまだお金をもらっていないことを表します。このような受取手形、売掛金は最悪相手の会社が倒産して回収不能（これを「貸倒れ（かしだおれ）」）といいます。）のリスクがありますので、この金額を貸借対照表に織り込んでいます。

　Ｚ社の当期の場合、「受取手形、売掛金のうち12百万円は貸倒れで回収できないかもしれません」と言っているわけです。

　もし、貸借対照表にこの貸倒引当金が多額に設定されていたら「うちの会社は不良債権がいっぱいあります」ということですので、そのような会社と取引をするときは一層の注意が必要です。

## (2)　固定資産とは（有形固定資産、無形固定資産、投資その他の資産）

　「流動資産」の次に「固定資産」があります。「固定資産」は、流動資産とは違い会社で長期的に保有する資産をいいます。

　「固定資産」は流動資産のように１年以内に現金化されるものではなく、会社が長期的に保有する資産になります。

　さらにこの「固定資産」は、①有形固定資産、②無形固定資産、③投資その他の資産の３つに分類されます。

①　有形固定資産とは、読んで字のごとく「形のある資産」です。Ｚ社の貸借対照表にもありますように、建物、車両、備品、土地などが表示されます。
　　「建設仮勘定」は、建設中の資産です。建物や構築物などの建設のために支払った手付金や前払金は「建設仮勘定」で表示されます。

②　無形固定資産は「形のない資産」です。Ｚ社の貸借対照表の電話加入権、ソフトウェア、また「特許権」「商標権」「のれん（営業権）」など

142　第2章　決算書の見方・読み方、経営分析 編

が表示されます。

③　投資その他の資産は、投資有価証券など投資に回っている資産や敷金
などその他の資産が表示されます。

「関係会社株式」は、子会社、関連会社の株式が入ります。

## (3)　はたして資産？　繰延資産の正体

貸借対照表の一番下に「繰延資産」があります。Ｚ社の貸借対照表に「開
発費」がありますので、この「開発費」について例を使って説明していきま
す。

ある会社が、新興国市場に進出しました。初年度に先行投資として10億円
の諸費用（現地駐在員の給料、現地事務所の家賃、広告宣伝費など）を使い
ましたが、初年度に売上が５億円あがりました。この新興国の市場は有望で
最低でも今後５年間は毎年５億円の売上が期待できるとします。

当期の損益計算書（P/L）を作成すると以下のようになります（便宜上、
この取引のみに限定しています。）。

P/L

| | | | | |
|---|---|---|---|---|
| 諸費用 | 10億円 | | 売　上　高 | 5億円 |
| 当期純損失　△ | 5億円 | | | |

新興国への市場進出が成功したにもかかわらず、５億円の損失になってい
ます。これはちょっとおかしいですよね。どこがおかしいかといいますと、
先行投資の諸費用（現地駐在員の給料、現地事務所の家賃、広告宣伝費な
ど）10億円の効果は、今後５年間の売上に貢献しているのに、その諸費用の
全額を当期１年で費用に落としているからです。

2.　貸借対照表の見方・読み方と経営分析　　143

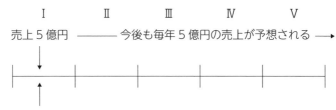

　会社法では、このような新規の市場に進出す場合の先行投資は、「市場開拓のために特別に支出する費用」として「開発費」に計上し、5年償却（5年にわたって費用化できます。）を認めています（「参考　会社法上の繰延資産とその内容」）。

　先行投資の諸費用の10億円は今後5年間の売上に貢献するのであれば、5年で按分し、毎年2億円ずつ費用にしたらどうなるでしょうか（この場合、開発費償却として損益計算書に計上されます。）。

　この場合、損益計算書は、当期純利益が3億円と計上され、先ほどの例のように市場開拓が成功したのに赤字になるようなことはありません（これを

「費用・収益対応の原則」といいます。）。

しかし、今度は償却されなかった開発費8億円が貸借対照表に計上されました（毎年2億円ずつ償却され5年後にはなくなります。）。

この開発費8億円に本当に資産価値があるでしょうか。

開発費の内容は、現地駐在員の給料、現地事務所の家賃、広告宣伝費などの支払をした経費ですので資産価値としては疑問があります。

なぜなら、何かの都合でわずか数年でこの市場から撤退するような事態になったら全く資産価値はなくなってしまうからです。

法人税法では、このような開発費のような繰延資産は全額費用（法人税法では「損金」といいます。）に落とすことができます。会社が儲かっていれば、節税のために費用（損金）に落とすはずですから、逆にいいますと、開発費が計上されているということは、費用にできなかったというのが実状です。

Z社の損益計算書を見ると当期の経常利益はわずかに40百万円で、前期と比較しますと半額以下に落ち込んでいます。さらに、開発費の20百万円を費用（損金）に落としますと経常利益はますます落ち込んでしまいますので、費用に落としたくても落とせなかったというのが現実ではないでしょうか。

会社の決算書に開発費などの繰延資産が計上されていたら、繰延資産は会社法上認められていますので「粉飾決算」とはいいませんが、それは「甘い決算」といえるでしょう。

もし、繰延資産を費用に落としたら経常利益がどうなるかということを、必ずチェックしてください。

ここまで資産の内容を説明してきましたが、貸借対照表の「資産の部」の最初は流動資産の「現金預金」です。そして、最後が繰延資産です。すなわち、貸借対照表の「資産の部」は上に行くほど現金預金に近くなります。

貸借対照表を読む際、確認してほしいのは「資産の部」の上の方に金額の多い会社は財務内容の良い会社です。逆に下の方に金額の多い会社は財務内容が厳しい会社といえます（P147「学習のポイント」参考）。

2. 貸借対照表の見方・読み方と経営分析　　145

**（参　考）会社法上の繰延資産とその内容**

　会社法は、創立時の設立登記費用等を創立費として繰延資産とするなど、次の費用を繰延資産として列挙しています。その償却期間については会社法では下記の期間で費用化していきますが、法人税法はいつでもいくらでも償却（費用化）してもよいという自由償却なので、その年で全額費用とすることもできますし、何年かで費用化しても構いません（ただし、最長は会社法の償却期間になります。）。

| 区　分 | 内　　　　　容 | | 会社法の償却期間 |
|---|---|---|---|
| 創立費 | 創立時の設立登記費用、発起人報酬などで、その法人の負担に帰すべきもの | → | 5年 |
| 開業費 | 設立後実際に開業するまでの間に、その開業準備のために特別に支出する費用 | → | 5年 |
| 開発費 | 新たな技術、新たな経営組織の採用、資源開発、市場開拓のために特別に支出する費用 | → | 5年 |
| 株式交付費 | 株券等の印刷費、資本金の増加の登記についての登録免許税、その他自己の株式（出資を含む。）の交付のために支出する費用 | → | 3年 |
| 社債等発行費 | 社債券等の印刷費、その他債券（新株予約権を含む。）の発行のために支出する費用 | → | 社債の償却期間内 |

**学習のポイント**　貸借対照表（B/S）　資産を見るポイント

B/S

| | |
|---|---|
| （資産） | |
| 現金預金 | 負　債 |
| 繰延資産 | 純資産 |

上に上がるほど「現金預金」に近づく　↑

下に下がるほど「現金預金」から遠ざかる　↓

○　**財務内容がいい会社**

B/S

比率が
上にくる

| 流動資産 | 負　債 |
|---|---|
| | 純資産 |
| 固定資産 | |

○　**財務内容が悪い会社**

B/S

| 流動資産 | 負　債 |
|---|---|
| 固定資産 | 純資産 |
| 繰延資産 | |

比率が
下にくる

○　**財務内容いい会社の例（資産では比率が上にくる）**

ユニクロ

B/S

| | | | |
|---|---|---|---|
| | | 流動負債 | 22.1% |
| 流動資産 | 65.9% | 固定負債 | 21.2% |
| | | 自己資本（純資産の部） | 56.7% |
| 固定資産 | 34.1% | | |
| | 100% | | 100% |

（2023年 8 月期　連結貸借対照表（B/S）より）

（注）　貸借対照表（B/S）の借方（左側）、貸方（右側）をそれぞれ100%と
して計算しています。

2. 貸借対照表の見方・読み方と経営分析　147

○ 財務内容悪い会社の例（資産では比率が下にくる）

マイカル

B/S

| 流動資産 | 24% | 流動負債 | 42% |
|---|---|---|---|
| 固定資産 | 76% | 固定負債 | 51% |
| | | 自己資本（資本の部） | 7% |
| | 100% | | 100% |

（倒産直前の決算書より）

（注） 貸借対照表（B/S）の借方（左側）、貸方（右側）をそれぞれ100％として計算しています。

## (4) 流動負債とは

貸借対照表（B/S）の貸方（右側）にはマイナスの財産である「負債」が入ります。

貸借対照表（B/S）では負債を2つに区分して表示しますが、最初に表示されるのが「流動負債」になります。

「流動負債」は1年以内に支払う債務をいいます（これを「1年基準」又は「ワンイヤールール」といいます。）。

Z社の「流動負債」に「支払手形」があります。日本の手形は60日、90日、120日と期日がありますが、少なくとも1年以内には満期が来て支払が行われます。

148　第2章　決算書の見方・読み方、経営分析 編

また、「買掛金」「未払金」「預り金」も通常 1 年以内に期日が来て支払が行われます。

銀行など金融機関からお金を借りたときは、簿記試験では「借入金」と解答しますが、貸借対照表では「短期借入金」と「長期借入金」に区分して表示します。

決算から 1 年以内に返済する金額が「短期借入金」に表示されます。

流動負債の最後に「未払法人税等」がありますが、損益計算書で解説した「法人税、住民税及び事業税」は原則、決算から 2 か月で納税する必要があります。

このように決算から 1 年以内に支払われる債務（負債）は「流動負債」に表示されます。

## ⑸　固定負債とは

「流動負債」の次に「固定負債」があります。「固定負債」は、流動資産とは違い、会社が決算から 1 年を超えて支払う債務（負債）をいいます。

Z 社の「固定負債」に「社債」と「長期借入金」があります。「社債」の償還は 1 年を超えますし、「長期借入金」は銀行など金融機関からの借入金で決算から 1 年を超えて返済する金額が表示されます。

---

**学習のポイント**　　「資産」「負債」の概要

・流動資産　　　　**1 年基準（ワンイヤールール）**　決算から 1 年以内に現金化
　　　　　　　　　　　　　　　　　　　　　　　　　するものをいいます。

　　　　　　　　　**正常営業循環基準**　通常の営業過程にあるもの、商品・製
　　　　　　　　　　　　　　　　　　品・仕掛品、売掛金・受取手形は、1

---

2. 貸借対照表の見方・読み方と経営分析　　149

年を超えても流動資産に表示されます。

・**固定資産**　　会社で長期的に保有する資産をいいます。

　① **有形固定資産**　　形のあるもの　建物、備品、車両、土地など

　② **無形固定資産**　　形のないもの　ソフトウェア、特許権、のれん（営業権）など

　③ **投資その他の資産**　投資有価証券、関係会社株式、敷金　など

・**繰延資産**　　**会社法で認められている「費用の繰延べ」、資産価値はありません。**

・**流動負債**　　**1年基準（ワンイヤールール）**　決算から1年以内に支払うものをいいます。支払手形、買掛金、短期借入金など

・**固定負債**　　決算から1年以内に支払うものをいいます。社債、長期借入金など

## (6)　純資産とは

　貸借対照表（B/S）の借方（左側）には資産、貸方（右側）には負債と純資産が入ります。「負債」のことを別名「他人資本」、「純資産」のことを別名「自己資本」ともいいます。

　そして、自己資本と他人資本を合計したものを「総資本」といいます。貸借対照表（B/S）の借方（左側）の合計は「総資産」になり、貸方（右側）の合計は「総資本」になります。

150　第2章　決算書の見方・読み方、経営分析 編

貸借対照表（B/S）は英語でバランスシートといい、借方（左側）と貸方（右側）の金額は一致しますので「総資産」＝「総資本」の関係になります。

　わかりやすい例として、ある人が資本金10,000,000円を出資して株式会社を作りますと、この資本金は「自己資本」になります。

　会社が銀行など金融機関などからお金を借りますと「借入金」となり、この借入金は「他人資本」になります。

　「借入金」は利息が付きますし、月々の返済も必要ですが、「資本金」には利息は付かず、また返済も不要ですので、会社はこの「自己資本」が多いほうが安全で、また財務内容もいいといえます。

　会社で、この返済の必要のない「自己資本」がどのくらいあるかを見ているのが、下記「自己資本比率」になります。

### 「他人資本」「自己資本」と自己資本比率の計算式

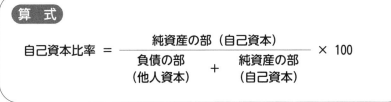

2. 貸借対照表の見方・読み方と経営分析　　151

まずは、簡単な事例で解説します。

この会社（B社）は、「資産100億円　負債70億円　純資産30億円」ですので「自己資本比率」は下記の通り30％と計算されます。

（B社）　（借方）　　　　　　　B/S　　　　　　　（貸方）

| 資　産 | 負　債　　70億円 |
|---|---|
| 100億円 | 純 資 産　　30億円 |
| （100億円） | （100億円） |

自己資産比率

$$\frac{純資産　30億円}{負債　70億円　＋　純資産　30億円} \times 100 = 30\%$$

以下の会社（C社）は、「資産50億円　負債10億円　純資産40億円」ですので「自己資本比率」は下記の通り80％と計算されます。

（C社）　（借方）　　　　　　　B/S　　　　　　　（貸方）

| 資　産 | 負　債　　10億円 |
|---|---|
| 50億円 | 純 資 産　　40億円 |
| （50億円） | （50億円） |

自己資産比率

$$\frac{純資産　40億円}{負債　10億円　＋　純資産　40億円} \times 100 = 80\%$$

上記の例では、B社の「自己資本比率」は30％、C社の「自己資本比率」は80％ですので、自己資本比率の高いC社の会社のほうが財務内容はいい状態といえます。

では、Z社の「自己資本比率」を計算してみましょう。

## 算 式

$$自己資本比率 = \frac{純資産の部（自己資本）}{負債の部（他人資本） + 純資産の部（自己資本）} \times 100$$

（解答欄）

| 前　　　　期 | 当　　　　期 |
|---|---|
| $\dfrac{(\qquad\qquad)}{(\qquad + \qquad)} \times 100$ = 　　　　　% | $\dfrac{(\qquad\qquad)}{(\qquad + \qquad)} \times 100$ = 　　　　　% |

（答）

| 前　　　　期 | 当　　　　期 |
|---|---|
| $\dfrac{(\quad 174 \quad)}{(\quad 968 + 174 \quad)} \times 100$ = 　15.2　% | $\dfrac{(\quad 222 \quad)}{(\quad 1,316 + 222 \quad)} \times 100$ = 　14.4　% |

　「自己資本比率」は高いほうが会社の財務内容は良くなります。そして「自己資本比率」の合格点は30％以上といわれています。また、「自己資本比率」が40％以上になりますと会社は財務的に非常に安定し、50％以上になりますとまず倒産しないといわれています。

　逆に好ましくないのが「自己資本比率」が10％未満に低下しているケースです。少し前の話になりますが、景気の悪い時に「マイカル、そごう、福助」などの会社が倒産（会社更生法や民事再生法の適用）しましたが、最後は「自己資本比率」が３％から５％に低下していました。

　上場会社といえども「自己資本比率」が10％を下回り、１桁になりますと

2. 貸借対照表の見方・読み方と経営分析　　153

会社は危険な状態に陥ります。

[自己資本比率]

| 超優良 | 50％以上 |
| --- | --- |
| 優　良 | 40％～50％未満 |
| 良 | 30％～40％未満 |
| 中の上 | 20％～30％未満 |
| 並 | 10％～20％未満 |
| 危　険 | 10％未満 |

### (7) 純資産（自己資本）の内容と純資産（自己資本）を大きくする方法

それでは、純資産（自己資本）を大きくし「自己資本比率」を高めるには、どのようにすればいいでしょうか。

そのためには純資産（自己資本）の内容を理解する必要があります。会社の純資産（自己資本）は性格の違う次の2つで構成されています。

#### ① 株主の払込金

Z社の貸借対照表を見てください。（純資産の部）に「資本金」がありますが、この会社の「資本金」は100百万円（1億円）ですが、この100百万円は会社の株主の方が払い込んだ金額になります。

株式会社では、いったん「資本金」を入れてもらうと有償減資などの例外を除き、会社清算まで払い戻ししません。

現在の会社は「清算」を前提に経営していませんので、実質「資本金」は

会社では返済不要の資金になります。

## ② 過去の利益の蓄積（内部留保）

純資産（自己資本）のもう1つは、過去の利益の蓄積（内部留保）になります。

Z社の貸借対照表を見てください。純資産の部に「利益剰余金」がありますが、この「利益剰余金」は過去の利益の蓄積（内部留保）になります。

Z社の当期の「利益剰余金」は122百万円（1億2,200万円）ですが、この金額が会社設立から今までに出した利益の合計金額になります。

さらに、この「利益剰余金」は会社が税金を払い、株主に配当した後の利益ですので、この「利益剰余金」も返済不要の資金になります（正確にいいますと次の「株主総会」での配当金は支払われていません。）。

この「利益剰余金」を別名「内部留保」といいます。会社の貸借対照表を見て「この会社は内部留保が大きいとか、内部留保が厚い」というと、過去に多くの利益を出し、「利益剰余金」が大きい会社を指します。逆に「内部留保が小さいとか、内部留保が薄い」といいますと、過去にあまり利益を出していないで「利益剰余金」の少ない会社を指します。

したがって、会社の純資産（自己資本）を大きくするには次の2つの方法があります。

① **株主の払込金を増やす　→　増資（注1）をする**

② **利益剰余金（内部留保）を増やす　→　利益を出す**

ちなみに、上記の逆を行いますと会社の純資産（自己資本）は減少します。日本ではあまり行いませんが、「有償減資（注2）」をしますと純資産

2. 貸借対照表の見方・読み方と経営分析　　155

（自己資本）は減少します。

---

（注１）　株式会社が資本金を増加させることを増資といいます。一般的に、増資は資金調達等を目的とした新株発行により行われます。

（注２）　有償減資とは減資（資本金を減少させることをいいます。）のなかでも、実際に資金の一部を株主へ払い戻す減資をいいます。

---

　また、会社が赤字（純損失）を出しますと純資産（自己資本）は減少します。「純資産」50億円の会社は50億円の赤字（純損失）まで耐えられます。もし、「純資産」50億円の会社が50億円の赤字（純損失）を出しますと「純資産」は０円になります。

　「純資産」1,000万円の会社は1,000万円の赤字（純損失）までしか耐えられません。もし、「純資産」1,000万円の会社が2,000万円の赤字（純損失）を出しますと「純資産」は△1,000万円になります。この会社は、資産の額より負債の額が大きくなり、この状態を「債務超過」といいます。

　「債務超過」は資産から負債を差し引くとマイナスになり「純資産」がマイナスの状態をいいます。ちなみに、上場会社が２期連続でこの「債務超過」になるとそれだけで上場廃止になります（東京証券取引所の場合など）。

---

**学習のポイント**　純資産（自己資本）の内容のまとめ

　会社の純資産（自己資本）は次の２つです。

① 　株主の払込金
　「資本金」勘定で表示され、株主が出資した金額、会社を清算しない限り返済不要の資金（有償減資を除きます。）

---

156　第２章　決算書の見方・読み方、経営分析 編

② 過去の利益の蓄積（内部留保）

　「利益剰余金」と表示され、会社設立から今までに出した利益の合計金額、「利益剰余金」は会社が税金を払い、株主の方に配当した後の利益であるため返済不要の資金

　純資産（自己資本）の内容は、①株主の払込金、②過去の利益の蓄積（内部利益）、上記のように「返済不要の資金」ですので、このような「返済不要の資金」が大きくなると「自己資本比率」が高くなり財務内容の良い会社になります。

　また、純資産（自己資本）を大きくする方法は次の2つです。

① 株主の払込金　→　増資
② 過去の利益の蓄積（内部留保）　→　利益を出す

---

**学習のポイント**　「自己資本比率」でわかる会社の財務体質

○　**財務内容がいい会社は自己資本比率が高い**

| ファンケル | 自己資本比率　72.8% |
|---|---|

B/S

| 流動資産 | 59.6% | 流動負債 | 15.5% |
|---|---|---|---|
| | | 固定負債 | 11.7% |
| 固定資産 | 40.4% | 自己資本（純資産の部） | 72.8% |
| | 100% | | 100% |

（2023年3月期　連結貸借対照表（B/S）より）

2. 貸借対照表の見方・読み方と経営分析　　157

| ユニクロ | 自己資本比率　56.7% |
| --- | --- |

B/S

| 流動資産 | 65.9% | 流動負債 | 22.1% |
| | | 固定負債 | 21.2% |
| | | 自己資本（純資産の部） | 56.7% |
| 固定資産 | 34.1% | | |
| 100% | | 100% | |

（2023年 8 月期　連結貸借対照表（B/S）より）

## ○　上場会社でも「自己資本比率」10%を下回ると危険

| マイカル | 自己資本比率　7 % |
| --- | --- |

B/S

| 流動資産 | 24% | 流動負債 | 42% |
| 固定資産 | 76% | 固定負債 | 51% |
| | | 自己資本（資本の部） | 7 % |
| 100% | | 100% | |

（倒産直前の決算書より）

※商法の時の決算書は「純資産の部」は「資本の部」と表示されていた。

| そ　ご　う | 自己資本比率　5 % |
| --- | --- |

B/S

| 流動資産 | 31% | 流動負債 | 92% |
| 固定資産 | 69% | 固定負債 | 3 % |
| | | 自己資本（資本の部） | 5 % |
| 100% | | 100% | |

（倒産直前の決算書より）

| 福　助 | 自己資本比率　3％ | | |
|---|---|---|---|

B/S

| 流動資産 | 48% | 流動負債 | 82% |
|---|---|---|---|
| 固定資産 | 52% | 固定負債 | 15% |
| | | 自己資本（資本の部） | 3％ |
| | 100% | | 100% |

（倒産直前の決算書より）

| 大木建設 | 債務超過 |
|---|---|

B/S

| 流動資産 | 53% | 流動負債 | 99% |
|---|---|---|---|
| 固定資産 | 47% | 固定負債 | 12% |
| | | | 111% |
| | 100% | 自己資本（資本の部） | △11% |
| | | | (100%) |

※　債務超過…資産より負債が大きくなり「純資産の部（上記は商法の時の
　　決算書なので「資本の部」)」がマイナスになる。

2. 貸借対照表の見方・読み方と経営分析　　159

〔モデル会社Z社のB/S、P/L〕（再掲）

決 算 の 概 要

1. 貸 借 対 照 表

（単位：百万円）

| 科 目 | ×1.12 | ×2.12 | 科 目 | ×1.12 | ×2.12 |
|---|---|---|---|---|---|
| Ⅰ 流動資産 | [902] | [1,060] | Ⅰ 流動負債 | [608] | [922] |
| 現金預金 | 400 | 420 | 支払手形 | 210 | 412 |
| 受取手形 | 134 | 106 | 買掛金 | 138 | 166 |
| 売掛金 | 180 | 190 | 未払金 | 98 | 42 |
| 商品 | 162 | 316 | 短期借入金 | 112 | 270 |
| 未収入金 | 36 | 40 | 賞与引当金 | 10 | 12 |
| 貸倒引当金 | △10 | △12 | 未払法人税等 | 40 | 20 |
| | | | | | |
| | | | Ⅱ 固定負債 | [360] | [394] |
| Ⅱ 固定資産 | [240] | [458] | 社債 | 100 | 94 |
| 1. 有形固定資産 | (160) | (370) | 長期借入金 | 260 | 300 |
| 建物 | 44 | 100 | | | |
| 備品 | 40 | 60 | | | |
| 車輌 | 16 | 20 | | | |
| 土地 | 0 | 140 | 負債合計 | 968 | 1,316 |
| 建設仮勘定 | 60 | 50 | Ⅰ 株主資本 | | |
| 2. 無形固定資産 | (50) | (66) | 1. 資本金 | [100] | [100] |
| 電話加入権 | 10 | 16 | | | |
| ソフトウェア | 40 | 50 | 2. 利益剰余金 | [74] | [122] |
| 3. 投資その他の資産 | (30) | (22) | 利益準備金 | 4 | 6 |
| 投資有価証券 | 30 | 10 | 繰越利益剰余金 | 70 | 116 |
| 関係会社株式 | 0 | 12 | | | |
| | | | | | |
| Ⅲ 繰延資産 | [0] | [20] | | | |
| 開発費 | 0 | 20 | | | |
| | | | | | |
| | | | 純資産合計 | 174 | 222 |
| 資産合計 | 1,142 | 1,538 | 負債・純資産合計 | 1,142 | 1,538 |

160　第2章　決算書の見方・読み方、経営分析編

## 2．損 益 計 算 書

（単位：百万円）

| | ×1. 1～×1. 12 | | ×2. 1～×2. 12 | |
|---|---|---|---|---|
| Ⅰ．売上高 | | 1,600 | | 2,000 |
| Ⅱ．売上原価 | | | | |
| 期 首 商 品 棚 卸 高 | 180 | | 162 | |
| 当 期 商 品 仕 入 高 | 622 | | 994 | |
| 合 計 | 802 | | 1156 | |
| 期 末 商 品 棚 卸 高 | 162 | 640 | 316 | 840 |
| 売 上 総 利 益 | | 960 | | 1,160 |
| Ⅲ．販売費及び一般管理費 | | | | |
| 給 与・賞 与・役 員 報 酬 | 304 | | 326 | |
| 交 際 費 | 50 | | 60 | |
| 減 価 償 却 費 | 32 | | 40 | |
| 支 払 運 賃 | 80 | | 100 | |
| 旅 費 交 通 費 | 60 | | 80 | |
| 広 告 宣 伝 費 | 200 | | 300 | |
| 地 代 家 賃 | 60 | | 70 | |
| 貸 倒 引 当 金 繰 入 額 | 10 | | 12 | |
| 賞 与 引 当 金 繰 入 額 | 10 | | 12 | |
| そ の 他 | 42 | 848 | 80 | 1,080 |
| 営 業 利 益 | | 112 | | 80 |
| Ⅳ．営業外収益 | | | | |
| 受 取 利 息・配 当 金 | 10 | | 14 | |
| 貸 倒 引 当 金 戻 入 | 8 | | 10 | |
| 雑 収 入 | 16 | 34 | 26 | 50 |
| Ⅴ．営業外費用 | | | | |
| 支 払 利 息 | 32 | | 80 | |
| 雑 損 失 | 18 | 50 | 10 | 90 |
| 経 常 利 益 | | 96 | | 40 |
| Ⅵ．特別利益 | | | | |
| 投 資 有 価 証 券 売 却 益 | | 10 | | 50 |
| Ⅶ．特別損失 | | | | |
| 固 定 資 産 売 却 損 | | 6 | | 10 |
| 税 引 前 当 期 純 利 益 | | 100 | | 80 |
| 法 人 税、住 民 税 及 び 事 業 税 | | 32 | | 26 |
| 当 期 純 利 益 | | 68 | | 54 |

# 第3章　資金繰りと
　　　　　キャッシュフロー編

この章では、資金繰り、キャッシュフローについて解説します。資金繰り、キャッシュフローを理解するためには「簿記の知識」が必要不可欠になります。今まで学習した簿記知識を活用して資金繰り、キャッシュフローを習得してください。

# 1．資金繰り、キャッシュフローの重要性

会社にとっても、社長にとっても、従業員にとっても、最も不幸なことは会社が倒産することです。さらに、従業員の家族も、仕入先などの取引先も同時に不幸に見舞われます。

会社の「倒産」とは、会社に現金預金（キャッシュ）がなくなることです。社長など経営陣の最大の望みは倒産の心配なく会社が順調に発展していくことではないでしょうか。

社長や経営陣の方に「経営上の一番の心配は何ですか？」と質問しますと、返ってくる答えで一番多いものは「会社の現金預金（キャッシュ）がなくなること」、又は「現金預金（キャッシュ）が少なくなること」です。

そうです、会社にとって一番の悩みはお金の悩み、資金繰りの悩みなのです。

筆者も会社を経営していますが、確かに会社の現金預金（キャッシュ）が少なくなった時が一番不安になります。私は税理士であり、会計の専門家なので、簿記会計も決算書も一般の方よりも知識が豊富ですが、それでも経営で一番大切なのは現金預金（キャッシュ）だと思います。会社の預金通帳のお金が十分にある時は自信を持って経営に専念できますが、預金通帳の残高が少なくなると、とたんに恐怖に襲われます。

まずは、現金預金（キャッシュ）が多い会社のメリット、現金預金（キャッシュ）が少ない会社のデメリットをみてみましょう。

### ○現金預金（キャッシュ）が多い会社のメリット
- ・社長、経営幹部、従業員が元気で安心して経営にあたれる
- ・現金預金（キャッシュ）に余裕があるので長期的視野で経営にあたれる

・売上を増やすための広告宣伝費などを使える
・必要な固定資産を購入又はリースすることができる

## ○現金預金（キャッシュ）が少ない会社のデメリット
・常に倒産の恐怖に怯え、会社の雰囲気も暗くなる
・現金預金（キャッシュ）に余裕がなく長期的視野で経営にあたれない
　ので、どうしても短期的、行き当たりばったりの経営になる
・てっとり早くお金がほしいので、過度の値引き販売を行う
・広告宣伝など販売促進にお金が使えないため新規のお客が増えない
・固定資産（店舗や備品）も古いままで、やがてお客も来なくなる

いかがですか？

　やはり現金預金（キャッシュ）に余裕がないと会社はどんどん活力がなくなってしまいますね。逆に現金預金（キャッシュ）に余裕がありますと長期的視野で経営できますので、この差は非常に大きなものになります。まして、この差が5年、10年続いたら……と想像するだけでも恐ろしくなります。

1. 資金繰り、キャッシュフローの重要性　　165

## 2．現金預金（キャッシュ）があれば、会社は潰れない

　極論ですが、赤字だけでは会社は倒産しません。もちろん、赤字が何年も続き、現金預金（キャッシュ）がなくなってしまえば倒産します。しかし、赤字だけでは倒産しません。例えば、赤字でも倒産しない会社の例として次のような2つのパターンがあります。

① 社長一族で経営している小さな会社で、社長が役員報酬をたくさん受け取り、会社は赤字になっている。会社のお金が足りない時は社長が会社に貸し付ける。

② 親会社が優良で子会社が赤字になっても資金援助してもらえる。

　逆に「黒字倒産」という言葉があるように会社が黒字（利益を出している）の場合でも、会社に現金預金（キャッシュ）がなくなると会社は倒産してしまいます。

　このように会社が倒産するというのは、利益うんぬんの問題ではなく「会社に現金預金（キャッシュ）がなくなった状態」をいいます。

166　第3章　資金繰りとキャッシュフロー編

**学習のポイント**　黒字でも倒産する？

会社は赤字だけでは倒産しません。
しかし、黒字でも倒産することはあります。

〈黒字倒産の例〉

・多額の固定資産の購入、又は過大な設備投資
・急成長による運転資金の増大
・不良在庫の発生
・不良売掛金の発生
・得意先倒産による連鎖倒産
・借入金の過大返済　　など

いかがですか？
　会社にとってもちろん利益も重要ですが、現金預金（キャッシュ）の重要
性も再認識していただけたと思います。

2. 現金預金（キャッシュ）があれば、会社は潰れない　　167

## 3．現金預金が増加する原因、減少する原因

「キャッシュフロー（資金繰り）を良くする、悪くする４つの原因」について解説したいと思います。

最初に問題です。

皆さんが社長など経営陣から「半年先の資金繰りが厳しいから、現金預金を増やす方法、又は現金預金が減らない方法を考えてほしい。」と言われたとします。

さて、現金預金を増やす方法、現金預金が減らない方法はいくつもありますが、皆さんはいくつ挙げられますか。

是非ここで続きを読むことを一旦中断して、その方法を紙に書いてみてください（実務上、可能かどうかは無視して、考えつく方法をできるだけ多く書いてください。）。

いかがですか？

皆さんは、いくつの方法を列挙できたでしょうか。

ここで皆さんが紙に書いたことをもう一度確認してください。どのような方法を考えたとしても、キャッシュフロー（資金繰り）を良くする原因は、下記のように４つに分類されます。

### (1)　現金預金が増加する仕組み

まず、現金預金が増加する仕組みを貸借対照表（B/S）、損益計算書（P/L）を以下のように図形化して説明します。なお、説明を単純にするために数字は簡略化してあります。

168　第３章　資金繰りとキャッシュフロー 編

|  | B/S |  |
| --- | --- |
| 現金預金 10 | 負債 70 |
| 現金預金<br>以外の資産<br>90 | 純資産 30 |
| (100) | (100) |

|  | P/L |  |
| --- | --- |
| 費用 95 | 収益 100 |
| 当期純利益 5 | |
| (100) | (100) |

順次解説しますが、会社の現金預金が増加する原因は次の4つに分類されます。

**1. 現金預金以外の資産が減少する**
**2. 負債が増える**
**3. 増資する（純資産が増加する）**
**4. 利益を出す（同じく純資産が増加する）**

以下、1つずつ解説していきます。

## ① 「現金預金以外」の資産を減らす

現金預金を増加させる原因の1つ目は「現金預金以外の資産」の減少になります。

下図の通り「現金預金以外の資産」が減少すると現金預金は増加します（すべて他の要素は変わらないと仮定して説明しています。）。

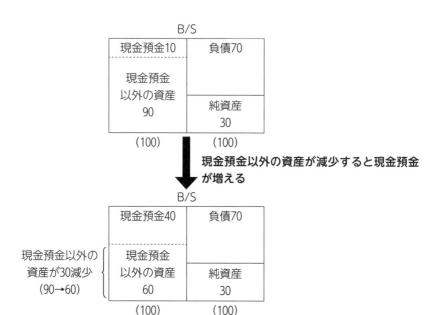

「現金預金以外の資産」が減少するとは、具体的には以下をいいます。
・売掛金、受取手形の回収
・受取手形の割引、裏書譲渡
・棚卸資産（商品・製品など）の減少（在庫の圧縮）
・有価証券、固定資産の売却
・貸付金、立替金、未収金の回収
・保険積立金や敷金の解約　　など

逆に、以下のように「現金預金以外の資産」が増加しますと、現金預金は減少します。
・売掛金、受取手形の増加
・棚卸資産（商品・製品など）の増加（在庫が増える）
・有価証券、固定資産の購入
・貸付金、立替金、未収金の増加
・保険積立金や敷金などが増える　　など

② **負債を増やす**

現金預金を増加させる原因の2つ目は負債の増加になります。
下図の通り、負債が増えると、現金預金は増加します。

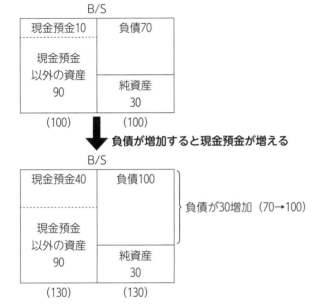

負債が増加するとは具体的には以下をいいます。
・新規の借入れ
・社債の発行
・買掛金、未払金の増加
・支払手形の発行
・前受金の増加　　など

逆に、以下のように負債が減少しますと現金預金は減ります。
・借入金の返済
・社債の償還
・買掛金、未払金の支払

・支払手形の決済

　・前受金の減少　　など

　負債は必ず後で返済、支払をすることになりますので、むやみに負債を増やすのは危険ですが、負債が増えると一時的には現金預金は増加します。

### ③　増資する──純資産を増やす　その1

　現金預金を増加させる原因の3つ目は増資になります。
　下図の通り、増資を行うと「純資産」の「資本金」が増え、現金預金が増加します。

```
                B/S
┌──────────┬──────────┐
│ 現金預金10    │ 負債70       │
│ ┈┈┈┈┈┈┈  │              │
│              │              │
│ 現金預金      │              │
│ 以外の資産    ├──────────┤
│   90        │ (純資産30)    │
│              │ 資本金20     │
│              │ 利益剰余金10  │
└──────────┴──────────┘
   (100)          (100)
```

**⬇ 増資すると現金預金が増える**

（純資産を増やす）

```
                B/S
┌──────────┬──────────┐
│ 現金預金40    │ 負債　70     │
│ ┈┈┈┈┈┈┈  │              │
│              │              │
│ 現金預金      │              │
│ 以外の資産    ├──────────┤  純資産が30増加
│   90        │ 純資産　(60)  │  （資本金　20→50）
│              │ 資本金50     │
│              │ 利益剰余金10  │
└──────────┴──────────┘
   (130)          (130)
```

172　第3章　資金繰りとキャッシュフロー編

逆に、株主に対する配当金の支払、自社株の取得、日本ではあまり行いませんが払戻し減資を実施しますと、「純資産」が減少し現金預金も減ります。

### ④ 利益を出す──純資産を増やす　その2

現金預金を増加させる原因の4つ目は「利益の計上」になります。

下記の図の通り、損益計算書（P/L）で利益が出ると「純資産」の「利益剰余金」が増え現金預金が増加します。

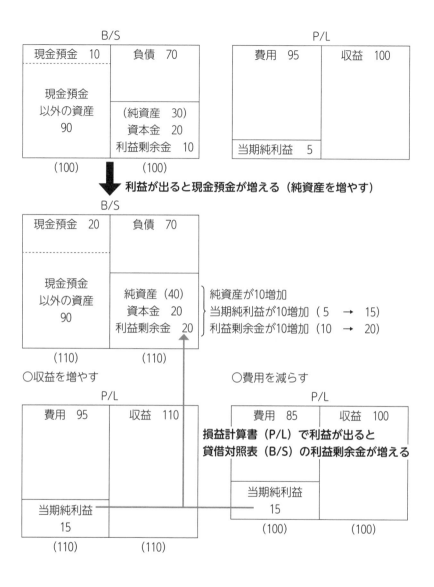

　損益計算書（P/L）の「当期純利益」を増やす方法は、上記のように「収益を増やす」と「費用を減らす」の2つがあります。

○収益を増やす
　・売上を増加させる（売上数量を増加させる、単価を上げる）

・受取利息、受取配当金を増やす
・為替差益を出す
・給付金、助成金など雑収入を増やす　　など

○費用を減らす
・売上原価、製造原価を減らす（コストダウン）
・販売費及び一般管理費を減らす（経費の削減）
・支払利息、割引料を減らす　　など

上記とは逆に「当期純損失（赤字）」を出しますと、「純資産」の「利益剰余金」が減少し、現金預金も減ります。

> **学習のポイント**　現金預金の増減原因
>
> 会社の現金預金が増加する原因は次の4つに分類される。
>
> ①　現金預金以外の資産が減少する
> ②　負債が増える
> ③　増資する（純資産が増加する）
> ④　利益を出す（同じく純資産が増加する）
>
>
>
> 逆に会社の現金預金が減少する原因は次の4つに分類される。
>
> ①　現金預金以外の資産が増加する
> ②　負債が減る
> ③　配当金の支払、自社株の取得（純資産が減少する）
> ④　損失（赤字）を出す（同じく純資産が減少する）

## (2) なぜ資金繰り（キャッシュフロー）は4つに分類されるか

簿記ではすべての勘定科目を次の5つに分類しています。損益計算書（P/L）は「収益」と「費用」グループ、貸借対照表（B/S）は「資産」と「負債」「純資産」グループに分類されます。

キャッシュフロー（資金繰り）を良くする4つの原因の「④　利益を出す」の項目に入っているのは「収益」と「費用」グループになりますので、損益計算書（P/L）の内容になります。

キャッシュフロー（資金繰り）を良くする4つの原因の「①　現金預金以外の資産を減らす」「②　負債を増やす」「③　増資」は貸借対照表（B/S）の「資産」「負債」「純資産」のグループになりますので、貸借対照表（B/S）の内容になります。

以上の説明のように　簿記ではすべての勘定科目は「収益」「費用」「資産」「負債」「純資産」の5つに分類されます。会社のお金の出入りを表しているのが簿記ですので、資金繰り（キャッシュフロー）を良くする原因は4つに集約することができるのです。

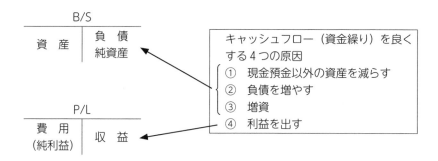

## (3) 利益が出ても現金預金がないのはなぜか

　決算や月次で、社長に「今期（先月）は1,000万円の利益が出ました。」と報告すると「1,000万円の利益が出たというが、そんなにお金は残っていない。なぜですか？」と質問を受けることがあります。

　理由はもうおわかりだと思いますが、キャッシュフロー（資金繰り）は、今まで解説してきたように「利益（損失）」を含めて4つの原因により決定されるからです（非上場の中小企業で増資や減資、株主配当金の支払がない場合には、それ以外の3つの原因で資金繰りが決定されます。）。

　利益が出ても資金繰りが苦しいケースの1つ目は、「利益」以上に「現金預金以外の資産が増加」している場合です。

　具体的には、得意先の倒産などにより回収できない不良売掛金が増大したケース、売れない商品など不良在庫が増大したケース、本社ビルや工場の建設、新規出店や設備投資などを利益以上に行っているケースが当たります。

　利益が出ても資金繰りが苦しいケースの2つ目は、「利益」以上に「借入金の返済など負債が減少」している場合です。

　以前、ある社長から「利益が出ているけれども資金繰りが苦しい。原因を調べてほしい」というご相談を受けたことがありました。早速「決算書」を分析してみますと、「借入金」の返済が多すぎることが原因でした。

　この社長は「借金」が嫌いで早く返済しようと「返済期間」を短く設定していました。会社の業績が良い時は利益も多く計上され、この計画でも借入金を返済することができましたが、会社の業績が落ち、以前ほど利益が上がらなくなってきますと、この返済計画では「利益」以上に借入金を返済しているため資金繰りが苦しくなっていました。

　そこで、金融機関にお願いして現在の「利益」でも借入金が返済できるような返済計画に見直してもらうようアドバイスしました（具体的には、返済期間を延ばしてもらうことになります。これを「リスケジュール」、略して「リスケ」と呼んでいます。）。

3. 現金預金が増加する原因、減少する原因　　177

## (4) キャッシュフロー（資金繰り）を良くする4つの原因の優先順位

　最後に「キャッシュフロー（資金繰り）を良くする4つの原因」の優先順位について確認しましょう。

　皆さんはキャッシュフロー（資金繰り）を良くする4つの原因に優先順位をつけるとしたら、どのようになると思いますか。

　正解は、次の順番です。
1. 利益を出す
2. 現金預金以外の資産を減らす
3. 増資
4. 負債を増やす

　何と言っても一番目は「利益を出すこと」です。

　二番目の現金預金以外の資産を減らす（又は増やさない）も重要です。しかし、期日前の売掛金は回収できませんし、店舗であれば一定の在庫も必要です。また、会社には建物、機械、備品などの固定資産も必要になりますので、「現金預金以外の資産を減らす」ことには自ずと限度があります。

　また、三番目の「増資」は良い方法ですが、非上場会社では、オーナーの出資には限度がありますし、第三者に出資してもらうことは経営権の面で不安ですので、残念ながらこの方法は非上場会社では現実的ではありません。

　四番目の「負債を増やす」は、つけをあとに残します。もちろん設備投資する場合や資金が不足する場合、銀行など金融機関から借入れをすることは必要ですが、できれば避けたい方法です。

　繰り返しになりますが、「キャッシュフロー（資金繰り）を良くする4つの原因」のなかで「利益を出す」以外の方法は、限界があったり、つけをあとに残しますので、会社が利益を計上できないとやがて資金繰りに行き詰まってしまいます。

| コラム | バブル経済までの経営は楽だった？ |

　1990年代のバブル経済までは、土地価額が上昇していましたので、以前に購入した土地を担保して金融機関から借入れをして、最悪、経営状態が悪化した場合には、土地を処分して借入金を返済することができました。

　現在、銀行など金融機関は、土地の担保価値だけでなく会社の経営状況などを総合判断して融資を行うので、この方法は難しくなっています。


## (5)　決算書から現金預金（キャッシュ）増減の要因を見る


### ①　決算書から現金預金（キャッシュ）の増減の要因を見る

　次に、キャッシュフロー（資金繰り）が上記4つの原因で動いているかを「決算書」を使って1年間のキャッシュフロー（現金預金の増減）を計算することにより検証してみましょう。

　決算書（**図表1**）（P183）を見てください（損益計算書、株主資本等変動計算書は一部を記載してあります。また、計算事例なので数字は簡素化してあります。）。

　これはある会社D社の第1期と第2期の決算書です。これを使って第2期のキャッシュフロー（現金預金の増減）を一緒に計算してみたいと思います。

　最初に現金預金の増減を計算してみましょう。

　第1期の現金預金は300百万円、第2期の現金預金が200百万円ですので、それぞれ**図表2**の現金預金の第1期、第2期の(1)、(2)の欄に記入し増減を計算してください。増減は第2期の現金預金から第1期の現金預金をマイナスしますので、(3)の欄は△100百万円（第2期現金預金200百万円－第1期現金

3.　現金預金が増加する原因、減少する原因　　179

預金300百万円）と計算されます（**図表3**が解答になります。）。

　第2期は現金預金が100百万円減少していることがわかります。

　次に、キャッシュフロー（資金繰り）が良くなる原因の1つである「利益」について見てみましょう。第2期の損益計算書（P/L）の「当月純利益」は400百万円ですので**図表2**の当期純利益も第2期の⑽の欄に記入します。

　ここまでのところで、D社の第2期は当期純利益が400百万円出ましたが、現金預金は逆に100百万円も減少したことがわかりました。このような「決算書」を税理士や経理担当者が何も説明しないまま持っていきますと、社長は「何で利益が出ているのに現金預金は減っているのか？」と疑問を感じてしまいますので、次から扱う説明を社長にしっかり行ってください。

　次に、キャッシュフロー（資金繰り）に影響を与える原因の「現金預金以外の資産」がどうなっているか見ていきましょう。

　第1期の現金預金以外の資産は、資産合計の700百万円から現金預金の300百万円をマイナスして400百万円（資産合計700百万円 − 現金預金300百万円）、第2期の現金預金以外の資産は、資産合計の960百万円から現金預金の200百万円をマイナスして760百万円（資産合計960百万円 − 現金預金200百万円）と計算されますので、それぞれ**図表2**の現金預金以外の資産の(4)、(5)の欄に記入し、増減を計算します。そして、現金預金以外の資産の増減は(6)の360百万円と計算されます（第2期の現金預金以外の資産760百万円 − 第1期の現金預金以外の資産400百万円）。

　次に「負債」を見てみましょう。第1期の負債が(7)の300百万円（買掛金100百万円 ＋ 借入金200百万円）、第2期の負債が(8)の240百万円（買掛金80百万円 ＋ 借入金160百万円）となり、増減は(9)の△60百万円と計算されます（第2期の負債240百万円 − 第1期の負債300百万円）。

　これで**図表2**の上の表の部分が完成しました。答えの**図表3**を確認してみ

180　　第3章　資金繰りとキャッシュフロー編

てください。

　次に**図表2**の下の部分を完成させていきます。

　最初に「当期純利益」です。第2期は利益が出ましたので①の欄に「増加」と記入してください。金額は(10)で記入した400百万円になります。

　次に、「資金繰り上　＋or－　」という部分は、第2期は利益が出ておりキャッシュフロー（資金繰り）はプラスになりますので、③の欄に「＋」と記入してください。

　逆に当月、当期純損失（赤字）が出た場合には、キャッシュフロー（資金繰り）はマイナスになりますので③の欄に「－」と記入します。

　同様に「現金預金以外の資産」を記入します。「現金預金以外の資産」は増加していますので④の欄に「増加」と記入してください。⑤の金額は(6)の欄で計算した360百万円になります。「現金預金以外の資産」の増加はキャッシュフロー（資金繰り）ではマイナスになりますので、⑥の欄に「－」と記入してください。

　逆に「現金預金以外の資産」が減少した場合には、キャッシュフロー（資金繰り）はプラスになりますので、⑥の欄に「＋」と記入します。

　次に「負債」を計算します。「負債」は減少していますので、⑦の欄に「減少」と記入してください。⑧の金額は(9)で計算した60百万円になります。「負債」の減少はキャッシュフロー（資金繰り）ではマイナスになりますので、⑨の欄に「－」と記入してください（今回の負債のように**図表1**で△になった場合は**図表2**では「減少」とし、数字だけ入れてください。）。

　逆に「負債」が増加した場合には、キャッシュフロー（資金繰り）はプラスになりますので、⑨の欄に「＋」と記入します（「利益」「現金預金以外の資産」「負債」の増減がキャッシュフロー（資金繰り）に与える影響につきましては、「キャッシュフロー（資金繰り）を良くする、悪くする4つの原因」（P168）を復習してください。）。

　最後に配当金の支払を記入します。第2期の株主資本変動計算書から配当金は80百万円支払っていますので、**図表2**の「配当金の支払」の⑩の欄に記

3. 現金預金が増加する原因、減少する原因　　181

入します。「配当金の支払」はキャッシュフロー（資金繰り）はマイナスに
なりますので⑪の欄に「－」と記入します。

　「当期純利益」「現金預金以外の資産」「負債」「配当金の支払」の４つの要
素の記入が終わりましたら、「資金繰り上　＋ or －　」の「＋」はプラス計
算、「－」はマイナス計算で電卓を打ってみてください。

　いかがですか。
　先に計算した(3)の「現金預金」の増減と⑫の金額はピタリ一致したと思い
ます（「当期純利益」400百万円－「現金預金以外の資産の増加」360百万円
－「負債の減少」60百万円－「配当金の支払」80百万円＝△100百万円で第
２期の現金預金の減少と一致）。

　すなわち、この会社の第２期は「当期純利益」は計上されましたが、「現
金預金以外の資産」の増加、及び「負債」の減少、「配当金の支払」が「当
期純利益」以上であったため「利益」が出たのに、「現金預金」は逆に減少
したわけです。

　今回は「決算書」を使って１年間の資金繰り（キャッシュフロー）を計算
しましたが、１か月、３か月（四半期）、６か月（中間）の資金繰りもそれ
ぞれ「１か月の試算表」「３か月の試算表又は四半期決算書」「６か月の試算
表又は中間決算書」を使って計算できますので、是非試してみてください。

**図表1** 決算書（D社）

（第1期）

貸借対照表（B/S）　（百万円）

| | | | |
|---|---|---|---|
| 現金預金 | 300 | 買掛金 | 100 |
| 売掛金 | 240 | 借入金 | 200 |
| 商品 | 160 | （純資産） | 400 |
| 資産合計 | 700 | 負債純資産合計 | 700 |

（第2期）

貸借対照表（B/S）　（百万円）

| | | | |
|---|---|---|---|
| 現金預金 | 200 | 買掛金 | 80 |
| 売掛金 | 400 | 借入金 | 160 |
| 商品 | 260 | （純資産） | 720 |
| 車両運搬具 | 100 | | |
| 資産合計 | 960 | 負債純資産合計 | 960 |

損益計算書（P/L）

当期純利益　　400百万円

株主資本等変動計算書

支払配当金　　80百万円

**図表2** 解答欄

(単位：百万円)

| | 第　1　期 | 第　2　期 | 増　減<br>(第2期－第1期) |
|---|---|---|---|
| 現金預金 | (1) | (2) | (3) |
| 現金預金<br>以外の資産 | (4) | (5) | (6) |
| 負　　債 | (7) | (8) | (9) |
| 当期純利益 | | (10) | |

資金繰り上

+ or －

| 当 期 純 利 益 | （①　　　） | ②　　　百万円 | （③　　　） |
|---|---|---|---|
| 現金預金以外の資産 | （④　　　） | ⑤　　　百万円 | （⑥　　　） |
| 負　　　　債 | （⑦　　　） | ⑧　　　百万円 | （⑨　　　） |
| 配 当 金 の 支 払 | | ⑩　　　百万円 | （⑪　　　） |

増　減　⑫　　　百万円

↑

現金預金の増減と一致

184　第3章　資金繰りとキャッシュフロー編

**図表3** 答

(単位：百万円)

|  | 第　1　期 | 第　2　期 | 増　減<br>（第2期−第1期） |
|---|---|---|---|
| 現金預金 | (1)　300 | (2)　200 | (3)　△ 100 |
| 現金預金<br>以外の資産 | (4)　400 | (5)　760 | (6)　360 |
| 負　債 | (7)　300 | (8)　240 | (9)　△ 60 |
| 当期純利益 |  | (10)　400 |  |

資金繰り上

+ or −

当 期 純 利 益 　（①**増加**）　②　　400百万円　（③　＋　）

現金預金以外の資産　（④**増加**）　⑤　　360百万円　（⑥　−　）

負　　　　　　債　（⑦**減少**）　⑧　　 60百万円　（⑨　−　）

配 当 金 の 支 払　　　　　　　⑩　　 80百万円　（⑪　−　）

増　減　⑫△　100百万円

↑

現金預金の増減と一致

3．現金預金が増加する原因、減少する原因　　185

## ② どのような科目が増加・減少したか？

次に、D社の第1期決算書と第2期決算書でどのような科目が増減しているかを見ていきましょう。

まず「売掛金」を見てください。「売掛金」は160百万円増加しています（第2期の売掛金400百万円－第1期の売掛金240百万円）。これは増加しているからいけないということではなく、この「売掛金」が正常であるか、不良売掛金かに注目してください。正常な「売掛金」であれば翌月、又は翌々月に回収されますので問題ありません。

次は「商品」です。「商品」も100百万円増加しています（第2期の商品260百万円－第1期の商品160百万円）。在庫も増加しているからいけないということではなく、この「商品」が正常在庫であるか、不良在庫であるかに注目してください。正常な「商品」は販売できれば現金預金で回収されますので問題ありません。ただし、「不良売掛金」や「不良在庫」が発生し、「現金預金以外の資産」が増加している場合には、早急な対策が必要になります。

また、現金預金以外の資産では、固定資産である「車両運搬具」が増加していますが、固定資産などの設備投資も必要で、かつ適正額であれば問題ありません。無駄な投資、利益以上の設備投資は資金繰り悪化の原因になりますので注意が必要です。

負債は「買掛金」「借入金」が減少しています。「売掛金」「商品」が増加しているのに「買掛金」が減少すると「運転資金」が増大し、キャッシュフロー（資金繰り）が悪化します。

また、「借入金」が減少していますが、無理な借入金の返済はキャッシュフロー（資金繰り）のマイナス要因になります。

186　第3章　資金繰りとキャッシュフロー 編

# 4．総資産経常利益率（ROA）

「総資産経常利益率（ROA：Return On Total Assets）」とは、総資産に対して何%の経常利益が出ているかを見る指数で、経営の効率を見るために役立ちます。

英語ではROA（リターン オン トータル アセット）といい、総資産（アセット）に対する利益（リターン）を求めています。

また、「総資産経常利益率（ROA）」がいいと資金繰りが良くなります。

**算 式**

$$総資産経常利益率（\%） \atop （ROA） = \frac{経常利益}{総資産（又は総資本（負債の部＋純資産の部））} \times 100$$

**コラム** **総資産経常利益率とは**

多くの経営分析の本では、「総資本経常利益率」という用語で説明しています。

たしかに総資本（負債の部＋純資産の部、貸借対照表の貸方）は総資産（貸借対照表の借方）と一致しますので、「総資本経常利益率」といういい方もできます。ですが、「総資産経常利益率」といったほうがわかりやすいのではないでしょうか。

この経営指数は経営の効率を見ているわけです。例えば、Ｅ社は１億円、Ｆ社は１億円の利益を出しましたが、Ｅ社の資産は10億円、Ｆ社の資産は100億円としますと、「総資産経常利益率（ROA）」は、Ｅ社が10％、Ｆ社は１％という計算になります。

---

（Ｅ社）

| | | B/S | | 億円 |
|---|---|---|---|---|
| 資産 | 10 | 負債 | | 6 |
| | | 純資産 | | 4 |
| （総資産） | 10 | （総資本） | | 10 |

P/L　経常利益　１億円

（Ｅ社）

$$ROA = \frac{1億円}{10億円} \times 100$$

$$= 10\%$$

（Ｆ社）

| | | B/S | | 億円 |
|---|---|---|---|---|
| 資産 | 100 | 負債 | | 80 |
| | | 純資産 | | 20 |
| （総資産） | 100 | （総資本） | | 100 |

P/L　経常利益　１億円

（Ｆ社）

$$ROA = \frac{1億円}{100億円} \times 100$$

$$= 1\%$$

---

　この指数は高いほうがよいので、つまりＥ社のほうが経営の効率が良いといえます。

　一般に、この「総資産経常利益率（ROA）」の目標指数は10％といわれています。すなわち、総資産に対して10％の経常利益を出しましょうということです（例えば、５億円の資産があれば5,000万円の経常利益を出すのが理想です。）。

[総資産経常利益率（ROA）]

| 超優良 | 15％以上 |
| --- | --- |
| 優　良 | 10％～14％ |
| 良 | 5％～9％ |
| 並 | 2％～4％ |
| 危　険 | 1％未満 |

　また、この総資産経常利益率（ROA）がいいと、資金繰り（キャッシュフロー）が良くなります。もう一度、総資産経常利益率（ROA）の算式を見てください。

$$総資産経常利益率（ROA）（％） = \frac{経常利益 \,(大きく)}{総資産 \,(小さく)} \times 100$$

　総資産経常利益率（ROA）を高くするには算式の分母、分子を矢印の方向に持って行けばいいことがわかります。

　すなわち分子の「経常利益」は大きく、分母の「総資産」は少なくすると総資産経常利益率（ROA）は高くなります。

　実はこの矢印の方向がP169以降で解説した「キャッシュフロー（資金繰り）を良くする4つの原因」の「④　利益を出す」「①　現金預金以外の資産を減らす」に一致しています。

　分子の経常利益を増やし、分母の総資産（正確には「現金以外の資産」）を減らせば、総資産経常利益率（ROA）が高くなり、結果としてキャッシュ

フロー（資金繰り）が良くなります。

　筆者は顧問先やセミナーなどで、キャッシュフロー（資金繰り）を良くするためには総資産経常利益率（ROA）を高めましょうとお話ししていますが、「ではうちの会社ではどのように総資産経常利益率（ROA）を高めたらいいですか」と質問されることがあります。
　次は総資産経常利益率（ROA）の改善方法を解説します。

# 5．総資産経常利益率（ROA）の改善方法

　総資産経常利益率（ROA）の数値を改善する方法を知ることは、経営の改善だけでなく、企業の今後の経営状況を推測することにも役立ちます。以下では、総資産経常利益率（ROA）を改善するにはどのようにすればよいかについて解説します。

　総資産経常利益率（ROA）は次の2つの算式に分けて考えます。

**算　式**

**総資産経常利益率　＝　総資産回転率　×　売上高経常利益率**
**　（ROA）　　　　　　　（注）**

$$\frac{経常利益}{総資産} \times 100 = \frac{売上高}{総資産} \times \frac{経常利益}{売上高} \times 100$$

（注）　分母に「総資本」を使用した場合は「総資本回転率」といいます。

　このように、総資産経常利益率（ROA）は、総資産回転率（会社が資産をどれだけ収益に転換できるかを示す指数）と、売上高経常利益率（売上に対して経常利益が占める割合を示す指数に分けることができます（次ページ参照）。

　総資産経常利益率（ROA）を改善するためには、これら2つの指数を改善することが必要といえるでしょう。

　また、上記の算式をみますと分母、分子に「売上高」という共通の数字が入っていますので約分できます。そして約分した結果、総資産経常利益率（ROA）の算式になります。
　それでは、モデル会社E社を使って計算してみましょう。

5. 総資産経常利益率（ROA）の改善方法　　191

（E社）

|  | B/S | 億円 | P/L | 売上高 | 20億円 |
|---|---|---|---|---|---|
| 資産 | 10 | 負債 | 6 |  |  |
|  |  | 純資産 | 4 | 経常利益 | 1億円 |
| （総資産） | 10 | （総資本） | 10 |  |  |

まず、E社の総資産経常利益率（ROA）は10%になります。

> **算 式**
>
> $$総資産経常利益率（ROA）= \frac{経常利益}{総資産} \times 100$$

（E社）$\dfrac{1 億円}{10億円} \times 100 = 10\%$

次に、総資産回転率は以下のように計算されます。

> **算 式**
>
> $$総資産回転率 = \frac{売上高}{総資産}$$

（E社）$\dfrac{20億円}{10億円} = 2 回転$

総資産回転率は回転数で表わされます。E社は「2回転」ですが、「2

192　第3章　資金繰りとキャッシュフロー編

倍」と理解していただいても大丈夫です。E社の場合「総資産の2倍の売上がある」ということになります。

以下は、「総資産回転率」の数字の目安ですが、業種により数値は異なりますのでご注意ください（詳しくはP195以降で後述します。）。

[総資産回転率]

| 超優良 | 3回転以上 |
| --- | --- |
| 優　良 | 2～3回転未満 |
| 良 | 1～2回転未満 |
| 並 | 0.5～1回転未満 |
| 危　険 | 0.5回転未満 |

（注）業種により数値は異なります。

最後は、売上高経常利益率です。

**算　式**

$$売上高経常利益率 = \frac{経常利益}{売上高} \times 100$$

（E社） $\dfrac{1億円}{20億円} \times 100 = 5\%$

以下は、「売上高経常利益率」の数字の目安ですが、業種により数値は異なりますのでご注意ください（詳しくはP195以降で後述します。）。

[売上高経常利益率]

| 超優良 | 15%以上 |
| --- | --- |
| 優　良 | 10%〜15%未満 |
| 良 | 5%〜10%未満 |
| 並 | 2%〜5%未満 |
| 注　意 | 2%未満 |
| 経常赤字（損失） | 倒産予備軍 |

（注） 業種により数値は異なります。

　E社の「総資産回転率」は2回転、「売上高経常利益率」は5％と計算されましたので総資産経常利益率（ROA）は最初の算式に当てはめると求められます。

総資産経常利益率（％）＝ 総資産回転率 × 売上高経常利益率
　（ROA）

（E社）10％ ＝ 2回転 × 5％

# 6．業種ごとの総資産経常利益率（ROA）の改善方法

　総資産経常利益率（ROA）の目標数字は10％です。前にも説明しましたが10％なら経営効率、及び資金繰りが非常に良くなります。ここでは業種ごとに総資産経常利益率（ROA）10％を目指し改善する方法を見ていきたいと思います。

## （1）　製造業（メーカー）、建設業

　最初に製造業（メーカー）や建設業の場合です。これらの業種は「総資産」が大きいのが特徴です。製造業（メーカー）は工場を所有しますので、土地、建物、機械装置が多額になります。建設業も建設機械や重機などを多額に所有する必要がありますので、資産総額は大きくなるという特徴があります（建設機械をあまり所有しない「請負型」の建設業は、これに当てはまりません。）。

|  | B/S | 億円 |  | P/L 売上高 | 100億円 |
|---|---|---|---|---|---|
| 資産 | 100 | 負債 | 70 | | |
| | | 純資産 | 30 | 経常利益 | 10億円 |
| （総資産） | 100 | （総資本） | 100 | | |

$$\text{総資産回転率} = \frac{\text{売上高}}{\text{総資産}} \qquad \frac{100億円}{100億円} = 1 回転$$

　まず、総資産回転率から見ていきます。

　この会社は、「総資産回転率」は1回転になります。製造業（メーカー）や建設業でも「総資産回転率　1回転」は少し少ないですが、製造業（メー

カー）の場合は、「1.3回転から1.5回転」、建設業の場合は、「1.5回転から2回転」になる傾向があります。

次に「売上高経常利益率」ですが、この会社は独自の製品で他社と差別化し、価格競争に巻き込まれていないので「売上高経常利益率　10％」を達成しています。

$$
売上高経常利益率 \ = \ \frac{経常利益}{売上高} \times 100 \qquad \frac{10億円}{100億円} \times 100 = 10\%
$$

この会社は、以下の算式により総資産経常利益率（ROA）10％を達成しています。

$$
\begin{pmatrix} 総資産経常利益率 \\ （ROA） \end{pmatrix} \qquad （総資産回転率） \qquad （売上高経常利益率）
$$

$$
10\% \qquad = \qquad 1 回転 \qquad \times \qquad 10\%
$$

前にも説明しましたが、製造業（メーカー）及び建設業は総資産が大きく「総資産回転率」が低い傾向がありますので、「売上高経常利益率」を高め、以下のような形で総資産経常利益率（ROA）10％を目指してほしいと思います。

製造業(メーカー)及び建設業の
総資産経常利益率（ROA）

| | 総資産回転率 | | 売上高経常利益率 |
|---|---|---|---|
| | 1 回転 | × | 10％ |
| **目標　10％** | 1.3回転 | × | 8 ％ |
| | 1.5回転 | × | 7 ％ |
| | 1.7回転 | × | 5.9％ |

## (2) 小売業、飲食業

次に小売業、飲食業のケースを見ていきましょう。

小売業、飲食業は製造業（メーカー）や建設業よりも総資産は少ないという傾向があります。なぜなら、製造業のように土地、建物、機械装置は不要だからです。しかし、店舗に内装、備品などが必要になりますので、下記の会社の「総資産回転率」は2回転です。

|  | B/S | 億円 | P/L | 売上高 | 20億円 |
|---|---|---|---|---|---|
| 資産 | 10 | 負債 7 | | | |
| | | 純資産 3 | | 経常利益 1億円 | |
| (総資産) | 10 | (総資本) 10 | | | |

$$総資産回転率 = \frac{売上高}{総資産} \qquad \frac{20億円}{10億円} = 2回転$$

現在の日本経済の状況では、小売業、飲食業はライバルが多く価格競争にも巻き込まれますので「売上高経常利益率」は製造業（メーカー）よりも低くなる傾向があります。この会社の「売上高経常利益率」は5％です。

$$売上高経常利益率 = \frac{経常利益}{売上高} \times 100 \qquad \frac{1億円}{20億円} \times 100 = 5\%$$

この会社は、以下の算式により総資産経常利益率（ROA）10％を達成しています。

$$\begin{pmatrix} 総資産経常利益率 \\ (ROA) \end{pmatrix} \quad (総資産回転率) \quad (売上高経常利益率)$$

$$10\% \quad = \quad 2\,回転 \quad \times \quad 5\,\%$$

　小売業、飲食業は「売上高経常利益率」が低くなるため、「総資産回転率」を高めて総資産経常利益率（ROA）10％を目指してほしいと思います。

小売業、飲食業の
総資産経常利益率（ROA）　　　総資産回転率　　　売上高経常利益率

| 目標　10% | 2 回転 | × | 5 ％ |

## (3)　卸売業、商社、量販店、サービス業

　最後は卸売業、商社、量販店の事例です。これらの業種は「薄利多売」といわれ、売上は大きいですが、利益率が低いのが特徴です。総資産に比べて売上が大きいので「総資産回転率」は高くなります。下記の会社の「総資産回転率」は3.3回転になります。

|  | B/S | 億円 | P/L | 売上高 | 100億円 |
|---|---|---|---|---|---|
| 資産 | 30 | 負債　20 |  |  |  |
|  |  | 純資産　10 |  | 経常利益 | 3 億円 |
| （総資産） | 30 | （総資本）　30 |  |  |  |

$$総資産回転率 = \frac{売上高}{総資産} \qquad \frac{100億円}{30億円} = 3.3\,回転$$

　反面、卸売業、商社、量販店は利益率が低いので、この会社の「売上高経常利益率」は３％になります。

198　第3章　資金繰りとキャッシュフロー 編

$$売上高経常利益率 = \frac{経常利益}{売上高} \times 100 \qquad \frac{3億円}{100億円} \times 100 = 3\%$$

この会社は、以下の算式により総資産経常利益率（ROA）は9.9%となり、約10%を達成しています。

| 総資産経常利益率<br>（ROA） | | （総資産回転率） | | （売上高経常利益率） |
|:---:|:---:|:---:|:---:|:---:|
| 9.9% | = | 3.3回転 | × | 3% |

卸売業、商社、量販店は「売上高経常利益率」がさらに低くなるため、「総資産回転率」を高めて総資産経常利益率（ROA）10%を目指していきましょう。

また、サービス業も資産は多く持つ必要がありませんので、一般に「総資産回転率」は高く出ます。「売上高経常利益率」が多少低くても総資産経常利益率（ROA）10%を目指すことができます。

| 卸売業、商社、量販店、サービス業の<br>総資産経常利益率（ROA） | 総資産回転率 | | 売上高経常利益率 |
|:---:|:---:|:---:|:---:|
| **目標　10%** | 3.3回転 | × | 3.3% |
| | 5回転 | × | 2% |

いかがですか。

是非皆さんの会社の「総資産経常利益率（ROA）」「総資産回転率」「売上高経常利益率」を計算してみてください。上記指標を参考に改善点を見つけ、総資産経常利益率（ROA）10%を目指してください。

6. 業種ごとの総資産経常利益率（ROA）の改善方法　199

**学習のポイント**　総資産経常利益率（ROA）と資金繰りの関係

会社の現金預金（キャッシュ）を増やす方法

① 「現金預金以外」の資産を減らす
② 負債を増やす
③ 増資する　　（純資産を増やす）　その1
④ 利益を出す　（純資産を増やす）　その2

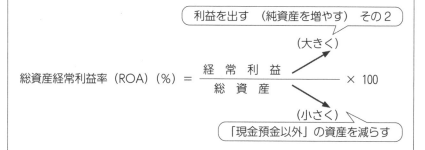

　総資産経常利益率（ROA）を良くする矢印の方向が現金預金が増加する方法と一致しているので、総資産経常利益率（ROA）が高いと資金繰り（キャッシュフロー）が良くなる。

# 7. キャッシュフロー計算書の見方・読み方

　キャッシュフロー計算書は、国際会計基準導入の1つとして2000年3月期から上場会社にその作成が義務付けられました。

　キャッシュフロー計算書の内容は、「会社の1年間のお金の流れを計算しているもの」といえます。すなわち、キャッシュフロー計算書をみれば、会社が1年間にどのようにお金を稼ぎ、また、いくらお金を使ったか、銀行から借入金としていくら資金を調達したか、銀行にいくら借入金を返済したか、そして決算期末に現金預金がいくらあるかなどがわかります。

　従来の決算書である、「貸借対照表」「損益計算書」では、会社のお金の動きを把握することは困難でした。また、「損益計算書」でいくら利益が計上されていてもそれだけの現預金が残っていないという問題点もあります。

　簡単な例を使って説明していきましょう。例えば、ある会社で500万円で仕入れた商品を1,000万円で販売したとします。この取引だけで損益計算書を作成しますと次のようになります。

損益計算書（P/L）

| | | 売上高　　1,000万円 |
|---|---|---|
| 売上原価 | 500万円 | |
| 当期純利益 | 500万円 | |

　損益計算書（P/L）をみますと、当期純利益が500万円計上されています。しかし極端な話、この会社の社長が儲かったからといって高級車を500万円で購入しますと、この期に稼いだ現金預金はすべて消えてしまいます。また、売上の1,000万円を掛売りで販売していた場合、売掛金という資産は増加しますが現金預金は売掛金を回収するまで入ってきません。

　決算後2か月又は3か月以内に法人税の申告を行い、税金を約150万円

（当期利益500万円×税率約30％）支払わなければなりませんが、高級車を購入したり売掛金を回収していない場合、納税資金が不足するケースが考えられます。

　このように、当期純利益と現金預金の増加とは全く別のものになります。すなわち、損益計算書を見ただけでは現金預金がいくら増加したかはわからず、キャッシュフロー計算書をみて初めてお金の流れがつかめるのです。

## (1)　キャッシュフロー経営とは

　最近、「キャッシュフロー経営」や「キャッシュフロー重視の経営」という言葉をよく耳にします。この「キャッシュフロー経営」は、まさに「キャッシュフロー計算書」による現金預金の流れを重視し、毎期毎期「現金預金」の残高を大きくしていく経営のことをいいます。

　先ほど、簡単な例を使って当期純利益と現金預金の増加額が一致しないことを説明しましたが、会社経営ではほかに「当期純利益」と「現金預金増加額」が一致しない原因として、稼いだ利益が売掛金として残り、回収されていなかったり、商品の在庫に変わっていたりしているケース、資金が建物、機械、備品や車両などの固定資産の購入に充てられたり、借入金を返済しているケースなどがあります。

　バブル経済以前であれば、損益計算書で「当期純利益」がある程度計上されていれば銀行など金融機関が融資をしてくれました。しかし現在では、借入金の残高が多い場合などは利益が出ているからといって金融機関が簡単に融資に応じてくれなくなりました。そのため、会社では「当期純利益」を計上すると同時に「現金預金」の残高を増やしていくことも非常に重要になってきています。

　また、「キャッシュフロー」を重視していないと、例えば販売した売掛金が得意先の倒産により回収不能になったり（2015年に経営破綻したスカイマーク（航空会社）では配当率が約10％でしたので、売掛金の90％程度は回

202　　第3章　資金繰りとキャッシュフロー 編

収不能になりました。)、利益以上に設備投資を行い借入金の返済が不能になるなど、利益が出ているのに資金繰りに行き詰まるという事態が起こります。これを「黒字倒産」といいます。

キャッシュフロー計算書は、現在、上場企業にだけその作成が義務付けられていますが、上記のような理由から非上場企業においても作成することが望ましいと考えます。

## (2) 甘い決算、辛い決算

「キャッシュフロー計算書」や「キャッシュフロー経営」が重視されているもう1つの理由は、損益計算書の作成方法(これを「発生主義」といいます。)により、会計処理方法によっては利益を多く計上すること(これを「甘い決算」といいます。)や、逆に利益を少なくすること(これを「辛い決算」といいます。)が可能なためです。

例えば、繰延資産を計上するかしないか、減価償却の方法を「定額法」にするか「定率法」にするかによって、「当期純利益」は変動します。これらは合法的な方法ですが、仮に「粉飾決算」を行っている場合には、公認会計士などのプロでないとなかなか見破るのは難しいといわれています。

その点、「キャッシュフロー計算書」はキャッシュ(現金預金)の1年間の増減が表示されますので、ごまかしようがありません。「粉飾決算」も「キャッシュフロー計算書」の「営業活動によるキャッシュフロー」がマイナスになっていきますので、そこから見つけ出すことができます。

## (3) キャッシュフロー計算書の区分

キャッシュフロー計算書は、会社がどのようにキャッシュを獲得したかが、またどのようにキャッシュの支払をしたかが明らかになるよう、次のよ

うに3つに区分されています（実際のキャッシュフロー計算書につきましては P 216、220をご覧ください。）。

Ⅰ　営業活動によるキャッシュフロー
Ⅱ　投資活動によるキャッシュフロー
Ⅲ　財務活動によるキャッシュフロー

## ①　「営業活動によるキャッシュフロー」とは

「営業活動によるキャッシュフロー」とは、商品や製品などの売上や仕入、人件費や販売管理費などの支払、利息の受取りや支払などの営業活動により、いくらキャッシュが増減したかを表しています。今回は説明がしやすい「直接法」を使用しています。P 216の「キャッシュフロー計算書」をご覧ください。

「営業活動によるキャッシュフロー」には、
**営業収入、すなわち売上による資金収入**
**原材料や商品の仕入による資金支出**
**人件費やその他の販売費及び一般管理費の資金支出**
**利息や配当金の受取額**
**利息の支払額**
**法人税等の税金の支払額**
などが表示されています。

「営業活動によるキャッシュフロー」の欄「小計」の下には、利息及び配当金の受取額、利息の支払額、及び法人税等の税金の支払額など記入されます。

最後の「営業活動によるキャッシュフロー」の金額5,286百万円が損益計算書の「当期純利益」に近い金額をキャッシュフローで表した金額になります。

ただし、固定資産売却益（売却損）、（投資）有価証券売却益（売却損）は

204　第3章　資金繰りとキャッシュフロー 編

キャッシュフロー計算書では「投資活動によるキャッシュフロー」に記載され、損益計算書（P/L）の当期純利益とは必ずしも範囲が一致しませんのでご注意ください。

| ㋑ | 「営業活動によるキャッシュフロー」の金額 | ＞ | 損益計算書の「当期純利益」 |

であれば、その会社は損益計算書に計上された「当期純利益」よりもキャッシュフロー（資金繰り）が良いことを表しています。通常、この「営業活動によるキャッシュフロー」から設備投資を行い、借入金の元本を返済していきますので「当期純利益」より「営業活動によるキャッシュフロー」が多いことが望ましいといえます（固定資産売却益や売却損、（投資）有価証券売却益や売却損がある場合は除いて計算してください。）。

逆に、

| ㋺ | 「営業活動によるキャッシュフロー」の金額 | ＜ | 損益計算書の「当期純利益」 |

であれば、その会社は当期純利益の分だけキャッシュ（現金預金）が残っていないことになります。また、税金は「当期純利益」に対して課税され見かけ以上に税負担が重くなりますので、このような会社は資金繰りが苦しくなることがあります（固定資産売却益や売却損、（投資）有価証券売却益や売却損がある場合は除いて計算してください。）。

### ㊁ 「営業活動によるキャッシュフロー」は黒字が不可欠

「営業活動によるキャッシュフロー」とは、上記で解説しましたように、文字通り売上による収入、仕入や人件費などの販売費及び一般管理費などの支払、そして利息や配当金の受取り、金利や法人税等の支払など広い意味の「営業活動」から得られるキャッシュフローです（意味としては上記の解説のように損益計算書（P/L）の「当期純利益（税引き後利益）」に近い概念です。）。

7. キャッシュフロー計算書の見方・読み方　　205

この「営業活動によるキャッシュフロー」がマイナスですと、会社は所有資産を売却して資金を得たり、銀行など金融機関から資金を調達しない限り資金繰りに行き詰まります。さらに、これらの方法で一時的に資金が調達できたとしても、毎年この「営業活動によるキャッシュフロー」がマイナスになると、いずれは倒産となります。

したがって、この「営業活動によるキャッシュフロー」は、例えば「リストラにより多額の早期優遇退職金を支払ったため一時的にマイナスになった」などの理由以外には、必ずプラス（黒字）であることが必要不可欠です。

そして、この「営業活動によるキャッシュフロー」が大きい会社ほど、キャッシュフローの状況が良い会社ということができます。
また、この「営業活動によるキャッシュフロー」が大きければ、土地、建物、機械などの設備投資やM&A（企業買収や合併）などの「投資活動によるキャッシュフロー」に多額の資金を使用することができます。

## ② 「投資活動によるキャッシュフロー」とは

「投資活動によるキャッシュフロー」とは、会社が土地や建物、機械など有形固定資産の取得や売却、子会社や関連会社などの投資有価証券及び有価証券の取得や売却などの投資活動により、いくらキャッシュが増減したかを表しています。P216の「キャッシュフロー計算書」をご覧ください。

「投資活動によるキャッシュフロー」には、

**投資有価証券（有価証券）の取得による支出**
**投資有価証券（有価証券）の売却による収入**
**固定資産の取得による支出**
**固定資産の売却による収入**
**貸付金の支出や回収など、その他投資活動の支出及び収入**
が表示されています。

206　第3章　資金繰りとキャッシュフロー 編

会社は固定資産などに投資していきますので、この「投資活動による
キャッシュフロー」は通常マイナスになります（P 208(4)）。

### ③ 「財務活動によるキャッシュフロー」とは

　「財務活動によるキャッシュフロー」とは、会社が短期借入金や長期借入
金で資金を調達したり、借入金の返済、社債の発行や償還、増資による新株
の発行、配当金の支払などの財務活動により、いくらキャッシュが増減した
かを表しています。P 216の「キャッシュフロー計算書」をご覧ください。

「財務活動によるキャッシュフロー」には、

**短期借入れによる収入**
**短期借入金の返済による支出**
**長期借入れによる収入**
**長期借入金の返済による支出**
**社債の発行による収入**
**社債の償還による支出**
**株式の発行による収入**
**自己株式の取得や売却**
**配当金の支払額**
**その他財務活動の支出及び収入**

が表示されています。

### ④ 「現金及び現金同等物」とは

　キャッシュフロー計算書は、「現金及び現金同等物の期末残高」で終わっ
ています。
　現金には、手許現金と要求払預金が含まれます。要求払預金とは、顧客が
事前の通知なしで、又は数日の事前通知により元本を引き出せる期限の定め
のない預金をいいます。例えば、普通預金、当座預金、通知預金がありま
す。

7. キャッシュフロー計算書の見方・読み方　　207

また、現金同等物とは、容易に換金可能であり、かつ、価値の変動について僅少なリスクしか負わない短期投資をいいます。現金同等物の例としては、取得日から満期日又は償還日までの期間が３か月以内の短期投資である定期預金、譲渡性預金、コマーシャル・ペーパー、売戻し条件付現先及び公社債投資信託などがあります。

### (4)　「営業活動によるキャッシュフロー」と「投資活動によるキャッシュフロー」との関係

　「投資活動によるキャッシュフロー」は通常マイナスになります。

　会社は、現在営んでいる事業に対しても常に設備投資が必要です。例えば、社屋や工場などの建物は維持管理のために多額の補修費などが必要ですし、メーカーの場合には製品を製造する古い機械を新しい機械に入れ替えたり、運送業の場合には新しいトラックへの買替えなど、様々な設備投資が必要になります。

　また、現在営んでいる事業とは別に新規事業に参入する際には多額の投資が必要ですし、新分野に進出する場合や経営の拡大をする場合には、積極的なM&A（企業買収や合併）をしていきます。

　**このような理由から「投資活動によるキャッシュフロー」は通常マイナスになります。**

　次に、「営業活動によるキャッシュフロー」と「投資活動によるキャッシュフロー」との関係をみます。

　通常、「営業活動によるキャッシュフロー」と「投資活動によるキャッシュフロー」との関係は、

**「営業活動によるキャッシュフロー」＞「投資活動によるキャッシュフロー」**

になります。

208　第3章　資金繰りとキャッシュフロー 編

すなわち、「営業活動によるキャッシュフロー」の範囲内で設備投資など の投資活動が行われるのが一般的であり、かつ安全です。

　ただし、工場を新設した場合や大規模な設備投資をした場合、また、新規 事業に参入した時や大規模なM&A（企業買収や合併）をした年など、一時 的に「投資活動によるキャッシュフロー」が「営業活動によるキャッシュフ ロー」を上回るケースがあります。

　したがって、この「営業活動によるキャッシュフロー」と「投資活動によ るキャッシュフロー」との関係は1年間で判断するのではなく、複数年（3 年〜5年間）を合計してみるようにしましょう。

　もし、複数年（3年〜5年間）を合計して、

**「営業活動によるキャッシュフロー」＜「投資活動によるキャッシュフロー」**

になる場合、営業活動の利益で獲得したキャッシュ（現金預金）以上に投資 などの設備投資をしているということになります。この場合、その下の区分 の「財務活動によるキャッシュフロー」に無理がないかチェックしてみま しょう。

## (5)　「財務活動によるキャッシュフロー」との関係をみる

　上記で説明しましたように、「投資活動によるキャッシュフロー」が「営 業活動によるキャッシュフロー」を上回るケース（すなわち「営業活動によ るキャッシュフロー」＜「投資活動によるキャッシュフロー」の場合）に は、営業活動の利益で獲得したキャッシュ（現金預金）以上に投資などの設 備投資などをしているわけですから、このままではどんどんキャッシュ（現 金預金）は減少していきます。そのため、その不足分を「財務活動による キャッシュフロー」で補わなくてはなりません。

　次は、「財務活動によるキャッシュフロー」のどの項目でキャッシュを

補っているかみてください。

　「株式の発行による収入」、すなわち増資により資金を調達している場合には問題ありません。なぜならば、増資による資本金の増加は返済義務がないからです。ただし、敵対的買収（M＆A）や公開買付け（TOB）には注意が必要です。

　しかし、「営業活動によるキャッシュフロー」が少ない会社、若しくはマイナスである会社は、当然「当期純利益」も少なく（若しくは赤字）、増資に応じてくれる株主は一般に稀だと思いますので、「株式の発行による収入」、すなわち増資により資金を調達するのは不可能であるケースがほとんどです。

　したがって、このような会社は銀行など金融機関からの借入れにより資金を調達するのが一般的です。

　このように資金繰りを借入金に依存している会社は、当然、その借入金の元本を返済していかなければなりません。

　借入金の元本を返済していくキャッシュ（現金預金）の原資は、「営業活動によるキャッシュフロー」になりますので、この「営業活動によるキャッシュフロー」が将来、借入金の元本を返済するのに充分なだけ増加することができない会社は、最悪のケースでは倒産してしまいます。

## ⑹　キャッシュフローからみる３つの代表的パターン

　「営業活動によるキャッシュフロー」「投資活動によるキャッシュフロー」「財務活動によるキャッシュフロー」の内容につきまして解説してきましたが、これら３つのキャッシュフローの代表的パターンは次の通りです（数字は簡素化してあります。）。

210　　第3章　資金繰りとキャッシュフロー編

## ① 成長企業・ベンチャー企業型

営業活動によるキャッシュフロー　　　80

投資活動によるキャッシュフロー　△　170

財務活動によるキャッシュフロー　　　100

　現金及び現金同等物等の増加額　　　10

　大規模な設備投資や、新規事業に参入、大規模な M&A（企業買収や合併）などの「投資活動によるキャッシュフロー」が「営業活動によるキャッシュフロー」を上回っています。成長企業や積極的に発展しているベンチャー企業にみられるパターンです。

　前に解説しましたように、「株式の発行による収入」、すなわち増資により資金を調達している場合には非常に安定しています。

　しかし、銀行など金融機関からの借入れにより資金を調達していて、計画通りの「営業活動によるキャッシュフロー」ができない場合には危険を伴います。注目されているベンチャー企業が急に倒産するのは、このパターンが多いです。

## ② 安定企業型

営業活動によるキャッシュフロー　　　100

投資活動によるキャッシュフロー　△　20

財務活動によるキャッシュフロー　△　30

　現金及び現金同等物等の増加額　　　50

7. キャッシュフロー計算書の見方・読み方　211

社歴の長い優良企業に多く見られるパターンで経営的には一番安定しています。「営業活動によるキャッシュフロー」のプラス、「投資活動によるキャッシュフロー」のマイナスは当然ですが、「財務活動によるキャッシュフロー」もマイナスで、確実に借入金を返済していながら、「現金及び現金同等物等」は増加しています。

ただし、新商品の開発、新規事業に参入、大規模な M&A（企業買収や合併）などの「いわゆる未来のための投資」が少ないと守りの経営になり、現在行っている事業に陰りが見えたときに弱いという欠点を持ちます。

### ③　危険企業型

営業活動によるキャッシュフロー　△　50

投資活動によるキャッシュフロー　　　70

財務活動によるキャッシュフロー　△　30

　現金及び現金同等物等の増加額　△　10

「営業活動によるキャッシュフロー」は赤字のためマイナスになっています。そのマイナス分を補うため、過去に取得した土地などの固定資産や投資有価証券の売却、保険や敷金などの解約をして「投資活動によるキャッシュフロー」はプラスになっています。銀行など金融機関からも支援が受けられず新規の借入れができなくなり、さらに過去の借入金を返済しているので「財務活動によるキャッシュフロー」はマイナスになっています。

当然、「現金及び現金同等物等」は毎年減少していきますので、主要資産の売却により借入金を適正規模まで圧縮し、経費節減により「営業活動によるキャッシュフロー」を1日も早くプラスにしないと資金繰りに行き詰まり、いずれ倒産してしまいます。

212　第3章　資金繰りとキャッシュフロー編

## ⑺ フリー・キャッシュフローとは

　フリー・キャッシュフローとは、会社がフリー、まさに自らの意思で自由に使えるキャッシュ（現金預金）のことをいいます。

　このフリー・キャッシュフローは、「キャッシュフロー計算書」にはどこにも表示されませんが、下記算式により計算されます。

**算　式**

「営業活動によるキャッシュフロー」　−　「投資活動によるキャッシュフロー」

　P216のキャッシュフロー計算書ではフリーキャッシュフローは、1,826百万円と計算されます（営業活動によるキャッシュフロー5,286百万円−投資活動によるキャッシュフロー3,460百万円。投資活動によるキャッシュフローは通常△（マイナス）のため、計算にあたっては△（マイナス）は無視して計算します。）。

### ① フリー・キャッシュフローの活用方法

　フリー・キャッシュフローは、会社が自らの意思で自由に使えるキャッシュ（現金預金）のことですから、「キャッシュフロー経営」の観点からはこの「フリー・キャッシュフロー」が多い会社ほど優良な会社です。

　欧米では企業の評価基準として、この「フリー・キャッシュフロー」をもっとも重視しています。理由はこの「フリー・キャッシュフロー」が少ないと新規事業に参入したり、積極的なM&A（企業買収や合併）など「未来のための投資」ができないからです。

　日本では、今までは「損益計算書（P/L）」重視の経営を行ってきたため、

7. キャッシュフロー計算書の見方・読み方　　213

「当期純利益」が計上されていれば「キャッシュフロー」にはあまり注意は払われていませんでした。

しかし日本においても、昨今「会計のグローバル・スタンダード」が叫ばれており、企業の評価基準も欧米と同様に「フリー・キャッシュフロー」の大きさが問題となってきています。まして、「フリー・キャッシュフロー」が複数年にわたってマイナスの会社は、市場からの撤退を余儀なくされることとなるでしょう。

また、会社がフリー（自由）に使えるフリー・キャッシュフローは、通常次のように活用されます。

 ㋑ 新規事業に参入する場合の設備投資や積極的なM&A（企業買収や合併）など「未来のための投資」のために使用する。

 ㋺ 借入金の返済や社債の償還など「財務内容を改善」するために使用する（逆にいいますと、「フリー・キャッシュフロー」がなかったり、少ない場合には借入金を返済できません。）。

 ㋩ 配当金を多くしたり、自社株を購入して株価を引き上げるなど「株主への利益還元」のために使用する。

## ②　フリー・キャッシュフローが大きい会社が「勝ち組企業」

最近は特に、企業業績が良い会社が会社更生法や民事再生法を申請した会社を救済したり、積極的なM&A（企業買収や合併）を行い、いわゆる「勝ち組企業」と「負け組企業」の差が一段とはっきりしています。

これら会社の救済や積極的なM&A（企業買収や合併）は、「フリー・キャッシュフロー」が大きくなければ行えないため、この「フリー・キャッシュフロー」が大きいことが「勝ち組企業」と認められる条件になります。

企業買収や合併にはあまり関係のない中小企業でもこの「フリー・キャッ

シュフロー」を是非重視してください。

　先ほどお話しましたように「フリー・キャッシュフロー」が少ないと新規の設備投資はできませんし、まして「フリー・キャッシュフロー」がマイナスになりますと借入金の返済すらままならず、銀行など金融機関から新規の借入れができなくなり、やがて資金繰りに行き詰まり倒産してしまいます。

## キャッシュ・フロー計算書（直接法）

会社名　株式会社　○○

自　20×0年4月1日　至　20×1年3月31日

（単位：　百万円）

| 科　目 | 金　額 |
|---|---|
| Ⅰ　営業活動によるキャッシュ・フロー | |
| 　(1)　営業収入 | 151,336 |
| 　(2)　原材料又は商品の仕入れによる支出 | △ 71,380 |
| 　(3)　人件費支出 | △ 48,507 |
| 　(4)　その他の営業支出 | △ 25,198 |
| 　　　　　　　　小　計 | 6,251 |
| 　(5)　利息及び配当金の受取額 | 146 |
| 　(6)　利息の支払額 | △ 462 |
| 　(7)　法人税等の支払額 | △ 1,230 |
| 　(8)　消費税の支払額 ( 預り消費税 ) | 581 |
| 　(9)　その他の支払額 | ― |
| 　　　　　営業活動によるキャッシュ・フロー | 5,286 |
| Ⅱ　投資活動によるキャッシュ・フロー | |
| 　(1)　投資有価証券の取得による支出 | △ 2,500 |
| 　(2)　投資有価証券の売却による収入 | 3,750 |
| 　(3)　固定資産の取得による支出 | △ 3,500 |
| 　(4)　固定資産の売却による収入 | ― |
| 　(5)　その他の支出 | △ 1,390 |
| 　(6)　その他の収入 | 180 |
| 　　　　　投資活動によるキャッシュ・フロー | △ 3,460 |
| Ⅲ　財務活動によるキャッシュ・フロー | |
| 　(1)　短期借入れによる収入 | 5,000 |
| 　(2)　短期借入金の返済による支出 | △ 6,500 |
| 　(3)　長期借入れによる収入 | 4,000 |
| 　(4)　長期借入金の返済による支出 | △ 4,200 |
| 　(5)　社債の発行による収入 | ― |
| 　(6)　株式の発行による収入 | ― |
| 　(7)　配当金の支払額 | △ 1,500 |
| 　(8)　その他の収入 | ― |
| 　(9)　その他の支出 | ― |
| 　　　　　財務活動によるキャッシュ・フロー | △ 3,200 |
| Ⅳ　現金及び現金同等物に係る換算差額 | ― |
| Ⅴ　現金及び現金同等物の増加額 | △ 1,374 |
| Ⅵ　現金及び現金同等物の期首残高 | 16,972 |
| Ⅶ　現金及び現金同等物の期末残高 | 15,598 |

| 学習のポイント | 4つのキャッシュフローの復習 |
|---|---|
| **営業活動によるキャッシュフロー** | プラスが不可欠　大きいほうが良い |
| **投資活動によるキャッシュフロー** | マイナスになるが投資のし過ぎに注意 |
| **財務活動によるキャッシュフロー** | どのように資金調達しているかに注目 |
| **フリー・キャッシュフロー** | 大きければ設備投資、M&A に活用 |

## ⑻　キャッシュフロー計算書（間接法）とは

　これまで説明してきたキャッシュフロー計算書（直接法）は、「営業活動によるキャッシュフロー」に商品や製品などの売上や仕入、人件費や販売管理費などの支払、利息の受取りや支払など収入と支出を記入して、いくら現金預金（キャッシュ）が増減したかを表しています。

　ここで説明するキャッシュフロー計算書（間接法）（P 220）は、損益計算書（P/L）の「税引前当期純利益」に売上債権の増減、棚卸資産の増減、仕入債務の増減、減価償却費など現金預金（キャッシュ）が増減する要因を加算減算して「営業活動によるキャッシュフロー」を計算します。

　なお、キャッシュフロー計算書（直接法）とキャッシュフロー計算書（間接法）の違いは営業活動によるキャッシュフローのみで、投資活動によるキャッシュフロー以下の記載は同様になります。

7. キャッシュフロー計算書の見方・読み方　　217

**キャッシュフロー計算書（間接法）の記載例** （数字は簡素化してあります。）

営業活動によるキャッシュフロー

| | | |
|---|---|---|
| 税引前当期純利益 | 140 | |
| 減価償却費 | 30……現金預金の支出がないのでプラス | |
| 貸倒引当金の増加 | 5…… | 〃 |
| 賞与引当金の増加 | 15…… | 〃 |
| 退職給付に係る負債の増加 | 20…… | 〃 |
| 売上債権の増加 | △80……受取手形・売掛金が増加し現金預金の入金がないためマイナス | |
| 棚卸資産の増加 | △60……商品・製品の在庫増加のためマイナス | |
| 仕入債務の増加 | 25……支払手形・買掛金が増加し、現金預金の支出がないためプラス | |
| 営業活動によるキャッシュフロー | 95……(注) | |

(注) 「税引前当期純利益」と比較するため「法人税等の支払い」は省略しています。

　売上債権（受取手形・売掛金）が増加すると売上代金が入金されていないため、損益計算書の利益よりキャッシュフローは悪くなります。

　また、棚卸資産（商品・製品）の増加も、仕入れているものの売れていないのでキャッシュフローは悪くなります。

218　第3章　資金繰りとキャッシュフロー 編

営業活動によるキャッシュフロー

税引前当期純利益 ┌─ 140

減価償却費 　　　　　30……現金預金の支出がないのでプラス

貸倒引当金の増加 　　5……　　　 〃

賞与引当金の増加 　　15……　　　 〃

退職給付に係る負債の増加 20……　　 〃

売上債権の減少 　　　35……受取手形・売掛金が減少し現金預金が入金されためプラス

棚卸資産の減少 　　　40……商品・製品の在庫減少のためプラス

仕入債務の減少 　　　△25……支払手形・買掛金が減少し、現金預金の支出があったためないためマイナス

営業活動によるキャッシュフロー └─► 260……（注）

（注）「税引前当期純利益」と比較するため「法人税等の支払い」は省略しています。

　売上債権（受取手形・売掛金）が減少すると売上代金が入金（回収）されているため、損益計算書の利益よりキャッシュフローは良くなります。

　また、棚卸資産（商品・製品）の減少も手持ちの棚卸資産が売れているのでキャッシュフローは良くなります。

7. キャッシュフロー計算書の見方・読み方　219

## キャッシュ・フロー計算書（間接法）

会社名　株式会社　○○

自　20×0年4月1日　至　20×1年3月31日

（単位：百万円）

| 科　目 | 金　額 |
|---|---:|
| I　営業活動によるキャッシュ・フロー | |
| 　　　税引前当期利益 | 6,338 |
| 　　　受取手形の減少額 | 1,150 |
| 　　　売掛金の増加額 | △ 4,147 |
| 　　　棚卸資産の増加額 | △ 1,851 |
| 　　　支払手形の増加額 | 500 |
| 　　　買掛金の増加額 | 701 |
| 　　　退職給付に係る負債の増加額 | 2,500 |
| 　　　減価償却費 | 4,086 |
| 　　　貸倒引当金の増加額 | 50 |
| 　　　未払費用の減少額 | △ 2,798 |
| 　　　前払費用の減少額 | 156 |
| 　　　投資有価証券売却益 | △ 750 |
| 　　　　　　　小　計 | 5,935 |
| 　　　法人税等の支払額 | △ 1,230 |
| 　　　消費税の支払額 | 581 |
| 　　　　　営業活動によるキャッシュ・フロー | 5,286 |
| II　投資活動によるキャッシュ・フロー | |
| 　(1)　投資有価証券の取得による支出 | △ 2,500 |
| 　(2)　投資有価証券の売却による収入 | 3,750 |
| 　(3)　固定資産の取得による支出 | △ 3,500 |
| 　(4)　固定資産の売却による収入 | ― |
| 　(5)　その他の支出 | △ 1,390 |
| 　(6)　その他の収入 | 180 |
| 　　　　　投資活動によるキャッシュ・フロー | △ 3,460 |
| III　財務活動によるキャッシュ・フロー | |
| 　(1)　短期借入れによる収入 | 5,000 |
| 　(2)　短期借入金の返済による支出 | △ 6,500 |
| 　(3)　長期借入れによる収入 | 4,000 |
| 　(4)　長期借入金の返済による支出 | △ 4,200 |
| 　(5)　社債の発行による収入 | ― |
| 　(6)　株式の発行による収入 | ― |
| 　(7)　配当金の支払額 | △ 1,500 |
| 　(8)　その他の収入 | ― |
| 　(9)　その他の支出 | |
| 　　　　　財務活動によるキャッシュ・フロー | △ 3,200 |
| IV　現金及び現金同等物に係る換算差額 | ― |
| V　現金及び現金同等物の増加額 | △ 1,374 |
| VI　現金及び現金同等物の期首残高 | 16,972 |
| VII　現金及び現金同等物の期末残高 | 15,598 |

| 学習のポイント | キャッシュフロー計算書（直接法）（間接法）の長所、短所 |

**キャッシュフロー計算書（直接法）**

長所……売上の収入、仕入の支出、人件費の支出など現金預金の収入及び支
　　　　出の内訳が正確に把握できる。
　　　　売上、仕入、経費が総額で表示されるので、会計に詳しくない人で
　　　　も簡単に理解できる。

短所……作成が難しい（ただし、会計ソフトで処理している場合、日々の入
　　　　力から通常、キャッシュフロー計算書（直接法）の出力が可能）。
　　　　売上債権、棚卸資産、仕入債務の増減など、どのようにして資金繰
　　　　り（キャッシュフロー）が良くなったのか、悪くなったのかという
　　　　理由がわからない。

**キャッシュフロー計算書（間接法）**

長所……通常、貸借対照表・損益計算書から作成できるので直接法に比べて
　　　　作成が容易。
　　　　売上債権、棚卸資産、仕入債務の増減など、どのようにして資金繰
　　　　り（キャッシュフロー）が良くなったのか、悪くなったのかという
　　　　理由がわかる。

短所……売上による収入、仕入による支出など総額の記載がないので、現金
　　　　預金（キャッシュ）の収入及び支出の内訳が把握できない。
　　　　ある程度の会計知識がないと理解できない。

7. キャッシュフロー計算書の見方・読み方　　221

# 第4章 損益分岐点売上高の計算、管理会計入門 編

# 1. 損益分岐点売上高とは

最初に皆さんに質問です。次のような質問に的確に答えられますか。

「翌期は1店舗出店するので、年間コストが2,000万円上がるが、それをカバーするにはいくら売ればいいだろうか？」

「今度営業担当者を採用し人件費が年間500万円上昇するが、それをカバーする売上はあるか？」

「翌期の経常利益の目標は1,500万円だが、それを達成するにはいくら売上が必要かな？」

「近くにライバル店が出店するので、売上が20％ほどダウンするかもしれない。赤字にしないためには経費をいくら削減すればいいか？」

これらの質問は「損益分岐点売上高」の計算方法をマスターすれば、簡単に答えることができます。

損益分岐点売上高とは、その金額の売上高を達成したときに利益がちょうど0円になる売上高をいいます。

例えば、ある会社の損益分岐点売上高が年間5億円だとすると、5億円の売上があったとき利益はちょうど0円になるわけです。また、この年に売上が5億円を超えると利益を計上することができ、売上が5億円を下回ると赤字になってしまいます。

それでは、損益分岐点売上高はどのように計算するのでしょうか。

会社の経費は、次のように「変動費」と「固定費」で構成されています。

変動費は、売上高の増減に比例して増減する費用をいいます。例えば、売上原価、フルコミッションの営業担当者の給料、クレジットカードの手数料などが該当します。

製造業・建設業は、材料費・外注加工費が該当します（詳しくは**図表1**を参照してください。）。

一方、固定費は、売上高の増減に関係なく一定の費用をいいます。例え

224　第4章　損益分岐点売上高の計算、管理会計入門 編

ば、役員報酬、地代家賃、減価償却費、保険料、支払利息などをいいます。

　実務では1つの科目の中に「変動費」と「固定費」が混在している場合があります。例えば、「支払運賃」の中に売上に伴う発送費（変動費）と事業所間の支払運賃（固定費）が混在している場合には、「支払運賃（変動費）」「支払運賃（固定費)」と科目を分けて処理するといいと思います。

　また、「水道光熱費」や「給与手当」などの科目は変動要素もあります。繁忙期で残業が多い月と、閑散期で定時で帰れる月では金額が変動しますが、実務ではあまり細かい計算をしても意味がないので、現在の「水道光熱費」「給与手当」を固定費として計算するのがよいと思います。

---

**図表1** 主な変動費

売上原価
（販売費及び一般管理費）
販売手数料　　　　　クレジットカードの手数料、コンビニのロイヤリティなど売上に比例するもの
発送費・荷造運賃　　売上に伴うもの
地代家賃　　　　　　デパートやスーパーマーケットの家賃など売上に比例するもの、一般の家賃は固定費

（製造原価報告書）
材料費
外注加工費
燃料費
消耗工具器具備品費　売上に比例するもの

---

　会計ソフトによっては日々の取引を入力するだけで「損益分岐点売上高」を計算してくれるものもあります。科目ごとに「変動費」「固定費」を設定する必要がありますが、1つの勘定科目に変動費と固定費が混在する場合には

1. 損益分岐点売上高とは　　225

科目を分けて入力します。例えば、「販売手数料（変動費）」「販売手数料（固定費）」と分けて入力すれば、会計ソフトが自動的に計算してくれます。

ただし、決算書での表示は「販売手数料」として合算します。

また、会計ソフトでは「給料手当」「水道光熱費」の何%を「変動費」とするという設定もできます。

　**図表**2のグラフのように、売上がたとえ0円でも固定費は発生します。そして、変動費は売上が0円の時は発生しませんが売上が上がるにつれて増加していきます。そして売上の増加グラフと変動費の増加グラフが交わったところが損益分岐点売上高です。

　**図表**3を見てください。損益分岐点売上高を超えた売上のグラフと変動費のグラフの差の部分（**図表**3の濃い網掛け部分）が利益の額になります。すなわち、損益分岐点を少し超えたところでは利益はあまり多くなりませんが、損益分岐点を売上が大きく超えますと利益の額は大幅に増大していきます。

　逆に損益分岐点売上高を実際の売上が下回りますと、損失（赤字）になります。損益分岐点売上高を下回った売上のグラフと変動費のグラフの差の部分が損失の額になります。すなわち、損益分岐点をほんの少し下回ったところでは損失はあまり多くなりませんが、損益分岐点を売上が大きく下回りますと損失の額は大幅に増大していきます。

226　第4章　損益分岐点売上高の計算、管理会計入門 編

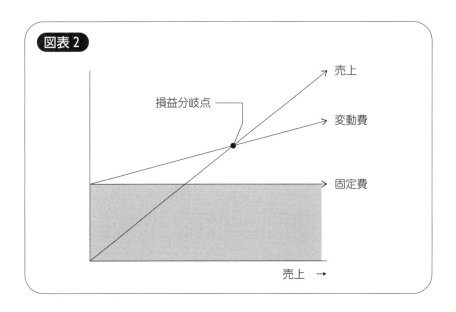

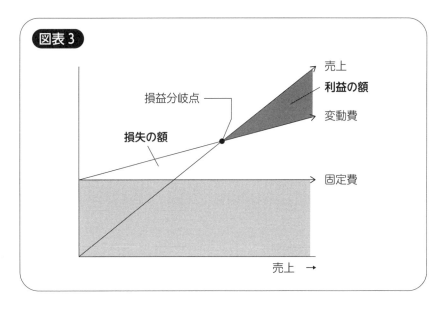

　余談ですが、アメリカの会社では、損益分岐点売上高を達成した日にパーティーをしてお祝いをするそうです。

例えば、会計期間を1月1日〜12月31日、損益分岐点売上高を年間12億円とすると、1月1日から営業スタートし、累計売上高が12億円に達した日にお祝いをします。

　11月15日に損益分岐点売上高を達成すると、11月16日から12月31日までの売上は変動費を除いてすべて利益になります。すなわち、早く損益分岐点に達した年は、当然利益も多く出るということです。逆に12月31日までに損益分岐点売上高を達しなかった年は赤字になります。

　これは、月々の売上にも利用できます。1か月の損益分岐点売上高が1億円とすると、例えば4月20日までに1億円の売上があると、残り4月21日から30日までの10日間の売上は変動費を除いてすべて利益になる計算です。

　また、5月は30日に1億円を達成したとしたら、31日の1日分しか利益が出ないということになります。

　いずれにしても、損益分岐点売上高を意識することで、会社の経営は大きく変わってきます。例えば、あと何％売上を増やせば利益が出るとわかれば、そのための方策を検討することもできます。あるいは、あと何％売上が減っても利益が出るとわかっていれば、売上減少の対策を冷静に講じることもできるでしょう。

　損益分岐点は、さまざまな場面で経営のかじ取りの判断材料となるのです。

228　第4章　損益分岐点売上高の計算、管理会計入門 編

## 2．損益分岐点売上高の計算方法

　損益分岐点を知るためには「変動費」「固定費」「変動費率」の３つの数字が必要となります。変動費とは、前述の通り、売上原価などのように売上に比例して増減する費用のことです。

　一方、固定費とは、人件費に代表されるように、売上高に関係なく発生する費用を指します。そして最後の変動費率は、変動費を売上高で割ったものです。

　これら３つの数字を使って損益分岐点売上高を求めます。

　具体的な計算式は次の通りです。

---

**算 式**

$$\text{損益分岐点売上高（円）} = \frac{\text{固定費}}{1 - \text{変動費率（限界利益率）}} \times 100$$

---

　この数式が意味するのは、売上には変動費がかかるということです。その変動費を除いた金額（後述しますが「限界利益」といいます。）と固定費が同額になったところが損益分岐点売上高になります。

　したがって、固定費を「１－変動費率（＝限界利益率）」で割りますと損益分岐点売上高になります。

　それではモデル会社を使って実際に「損益分岐点売上高」を計算してみましょう。

　数字を記入する欄もありますので、是非皆さんも一緒に計算してみてください。

2．損益分岐点売上高の計算方法　　229

**図表4**（P235参照）はモデル会社G社の損益計算書（P/L）です。この
G社の「経常利益」が0円になる損益分岐点売上高を計算していきたいと思
います。実際の損益計算書には「特別利益」「特別損失」の項目があります
が、特別利益、特別損失はイレギュラーで毎期発生するものではないので、
皆さんの会社のケースも経常利益がゼロになる損益分岐点売上高を把握する
ことをおすすめします（今回の演習は計算を簡単に行えるよう数字は簡略化
してあります。）。


## (1) 変動費率、限界利益率の計算

　最初にG社の経費を変動費と固定費に区分します。今回は「売上原価」と
「発送費」が変動費になり、「その他の販売管理費」と「支払利息」が固定費
になります。
　経費を変動費と固定費に区分したのち、「変動費率」と「限界利益率」を
計算します。**図表4**のG社の損益計算書（P/L）をもとに**図表5**の数字記入
欄の空欄を埋めてみましょう（解答は**図表6**参照）。

　ちなみに、「変動費率」は売上高に占める変動費の割合を見たものです。
小売業、卸売業、飲食店などは「売上原価率」、製造業、建設業の場合は
「売上に占める原材料費、外注加工費の割合」に近い数字になります。
　具体的には、次の算式で計算されます。


**算　式**

$$変動費率 \ = \ \frac{変動費}{売上高} \ \times \ 100$$


$$\frac{288百万円}{480百万円} \ \times \ 100 \ = \ 60\%$$


230　　第4章　損益分岐点売上高の計算、管理会計入門 編

G社の変動費率は、60％と計算されました。この数字は、売上の60％が変動費で占められていることを示しています。仮に1,000万円の売上の場合には、変動費は600万円になります。

　「変動費率」が低ければ、それだけ利益が増える計算になります。「変動費率」を下げるためには、後述しますが、原材料の価格交渉や購入方法の見直しなどにより原材料費の削減、仕入価格の減少、新製品や新商品の投入による売価の引上げなどの方法が考えられます。

　次に「限界利益率」を計算します。限界利益率は、次の算式で計算されます。

---

**算　式**

限界利益率　＝　100％　－　変動費率（％）

---

100％　－　60％　＝　40％

　G社の限界利益率は40％と計算されます。

　この数字は、売上の40％が限界利益になることを示しています。仮に1,000万円の売上の場合には、限界利益は400万円になります。

　ところで、先ほどから説明に出ている「限界利益」とは何なのでしょうか。限界利益とは売上高から変動費を差し引いた利益をいいます。売上が上がれば売上原価などの変動費は必ず出てきますので、この限界利益はまさにこれ以上利益の出しようがないという限界の利益のことをいいます。

　例えば、商店が1本70円で仕入れたペットボトルを1本100円で販売した場合の1本あたりの限界利益は30円になります。

2. 損益分岐点売上高の計算方法　　231

また、限界利益のことを別名「貢献利益」といいます。これは固定費をカバーすることに貢献する利益だからです。会社ではこの「限界利益」「貢献利益」で固定費を支払いますので、これらの利益は大きいことが望ましいわけです。

## (2)　固定費、限界利益の記入

次に固定費を記入します。今回は「その他の販売管理費」と「支払利息」が固定費になります。

固定費　158百万円　＋　2百万円　＝　160百万円 （**図表7** 参照）

固定費は売上の増減にかかわらず一定の経費なので現在の固定費をそのまま書き写します。

そして、この固定費を限界利益に書き写します。会社の利益は「限界利益 － 固定費」で計算されます。損益分岐点売上高は利益が0円になるところを求めます。
利益が0円になるのは「限界利益」と「固定費」が同額になったところになります。

G社の固定費は160百万円なので、限界利益も固定費と同額の160百万円になったところが利益ゼロで、また損益分岐点になります （**図表7**）。

限界利益A　160百万円　－　固定費B 160百万円　＝　0円

## (3)　損益分岐点売上高、変動費の計算

最後に「損益分岐点売上高」と「変動費」を計算します （**図表8** 参照）。
限界利益の160百万円（固定費と同額を入れるのが前提）を限界利益率の40％で割って損益分岐点売上高の400百万円を計算します。

232　第4章　損益分岐点売上高の計算、管理会計入門 編

> **算　式**
>
> $$損益分岐点売上高　=　\frac{限界利益（=　固定費）}{限界利益率}$$

$$400百万円　=　\frac{160百万円}{40\%}$$

　今回は、限界利益を固定費と同額にして限界利益率で割りましたが、先の解説では以下の算式で説明しました。

　どちらの算式でも損益分岐点売上高を計算できますので皆さんの理解しやすいほうを使ってください。

> **算　式**
>
> $$損益分岐点売上高（円）　=　\frac{固定費}{1　-　\substack{変動費率\\（=　限界利益率）}}　\times　100$$

$$400百万円　=　\frac{160百万円}{1-60\%}$$

　最後に、損益分岐点売上高の400百万円が計算されたら変動費率60%をかけて変動費の240百万円を求めます。

　ここで重要なのは、売上の金額が変わると変動費も変わることです。固定費は前に解説しましたが、売上が上がっても下がっても変わりません。しかし、変動費は売上の増減により変化します。

2. 損益分岐点売上高の計算方法　　233

今回、損益分岐点売上高は400百万円ですので、変動費はその60％の240百万円になり、限界利益はその40％の160百万円になります。

　損益分岐点売上高と変動費が計算されましたら最後に検算してみて、経常利益が０円になるのかを確認します。

損益分岐点売上高400百万円 － 変動費240百万円 － 固定費160百万円 ＝ ０円

　このG社の損益分岐点売上高は400百万円となります。

　このモデル会社A社では、400百万円の売上高を達成したときに経常利益がちょうど０円になります。売上が400百万円を超えると利益を計上することができ、逆に売上が400百万円を下回ると赤字になってしまいます。

　モデル会社A社の損益計算書（P/L）を見ますと、売上高が480百万円ありますので、経常利益が32百万円出ています。

　なお、今回は単純に会社全体で損益分岐点売上高を計算しましたが、会社が小売業、卸売業、飲食業など「変動費率」が異なる場合などは、部門別に「損益分岐点売上高」を計算する必要があります。

　また、新規の事業を立ち上げる際には、その新規事業の変動費、変動費率、固定費を予想し、予想される損益分岐点売上高を計算します。見込まれる売上が損益分岐点売上高以下であれば、その新規事業を見送るか、大幅な計画変更をしなければなりません。

　損益分岐点売上高を上回るようであれば予想利益を計算し、その利益が十分な額であれば、その新規事業は実施されることになるでしょう。

## 図表4

**モデル会社　G社　損益計算書（P/L）**

（単位：百万円）

| | |
|---|---:|
| 売上高 | 480 |
| 売上原価（変動費） | 284 |
| 　売上総利益 | 196 |
| 販売費及び一般管理費 | |
| 　発送費（変動費） | 4 |
| 　その他の販売管理費（固定費） | 158 |
| 　　営業利益 | 34 |
| 営業外費用 | |
| 　支払利息（固定費） | 2 |
| 　　経常利益 | 32 |

**図表5** 数字記入欄

## モデル会社　G社　損益分岐点売上高の計算

(単位：百万円)

損益分岐点売上高　　　　　　　（　　　　　）　100%

変動費　　　　　　　　　　　　（　　　　　）（　　%）（注1）

　　限界利益　　　　　　　　　（　　　　　）（　　%）（注2）

固定費

　その他の販売管理費　（　　　　　）

　支払利息　　　　　　（　　　　　）（　　　　　）

　　経常利益　　　　　　　　　　（　　　　　）

(注1)　変動費率　＝　$\dfrac{変動費（売上原価・発送費）}{売　上　高}$　×　100

$$\dfrac{(\underline{\phantom{xxx}}+\underline{\phantom{xxx}})}{(\underline{\phantom{xxxxxxxx}})}\ \times\ 100\ =\ (\ \ \%)$$

(注2)　限界利益率　＝　100%　－　変動費率

$$100\%\ -\ (\ \ \%)\ =\ (\ \ \%)$$

236　第4章　損益分岐点売上高の計算、管理会計入門 編

**図表6** 変動費率、限界利益率の計算

## モデル会社　G社　損益分岐点売上高の計算　その1

(単位：百万円)

| | | |
|---|---|---|
| 損益分岐点売上高 | (　　　　　) | 100% |
| 変動費 | (　　　　　) | ( 60%) (注1) |
| 　限界利益 | (　　　　　) | ( 40%) (注2) |
| 固定費 | | |
| 　その他の販売管理費 | (　　　　) | |
| 　支払利息 | (　　　　) (　　　　　) | |
| 　経常利益 | (　　　　) | |

(注1)　変動費率　$= \dfrac{変動費（売上原価・発送費）}{売上高} \times 100$

$\dfrac{(\quad 284 \quad + \quad 4 \quad)}{(\quad 480 \quad)} \times 100 = (\quad 60\%)$

(注2)　限界利益率　$=$　100%　$-$　変動費率

100%　$-$　( 60%)　$=$　( 40%)

・「変動費率」、「限界利益率」を計算する。

・変動費の右側の（　　%）に変動費率を限界利益の右側の（　　%）に限界利益率を記入する。

2. 損益分岐点売上高の計算方法　　237

**図表7** 固定費、限界利益の記入

**モデル会社　G社　損益分岐点売上高の計算　その2**

(単位：百万円)

| | | | | |
|---|---|---|---|---|
| 損益分岐点売上高 | | ( | ) | 100% |
| 変動費 | | ( | ) | ( 60%) |
| 　限界利益 | A ( | **160** | ) | ( 40%) |
| 固定費 | | | | |
| 　その他の販売管理費 | ( | **158** | ) | |
| 　支払利息 | ( | **2** | ) B ( | **160** ) |
| 　　経常利益 | A － B | = ( | **0** | ) |

・固定費の「その他の販売管理費」「支払利息」を記入し固定費の合計額を記入する。

・「限界利益　A」－「固定費　B」＝　0円になるよう、固定費の160百万円と同額を限界利益に記入する。

238　第4章　損益分岐点売上高の計算、管理会計入門 編

**図表8** 損益分岐点売上高、変動費の計算

**モデル会社　G社　損益分岐点売上高の計算　その3**

(単位：百万円)

| | | |
|---|---|---|
| 損益分岐点売上高 | （　**400**　） | 100% |
| 変動費 | （　**240**　） | （　60%） |
| 　限界利益 | A（　160　） | （　40%） |
| 固定費 | | |
| 　その他の販売管理費 | （　158　） | |
| 　支払利息 | （　2　）B（　160　） | |
| 　　経常利益 | A　－　B　=　（　0　） | |

・限界利益の160百万円（固定費と同額を入れるのが前提）を限界利益率の40%で割って損益分岐点売上高の400百万円を算出（160百万円　÷40%＝400百万円）

・損益分岐点売上高の400百万円に変動費率60%をかけて変動費の240百万円を算出
損益分岐点売上高　－　変動費　－　固定費　＝　0円になることを確認
（400百万円　－　240百万円　－　160百万円　＝　0円）で検算OK

## 3. なぜ「損益分岐点」を知ることが大切なのか

それでは、なぜ自社の損益分岐点を知ることが大切なのでしょうか。
それは損益分岐点により会社の現状を正確に把握できるからです。

「売上がどのくらい伸びたら利益もどのくらい出せるか」「どのくらいの売上の減少まで耐えられるか」「原材料、仕入価格が上昇しているが販売価格に転嫁しなくて大丈夫か」「このプロジェクトは実行可能か」など、経営に必要な会計データの作成はこの会社の現状を理解していないと計算できないからです。

### (1) 損益分岐点売上達成率と安全余裕額

「損益分岐点売上達成率」とは、実際の売上高が損益分岐点売上高を何％上回っているかを見る指数です。また、「安全余裕額」は、実際の売上高が損益分岐点売上高をいくら上回っているかを見ています。

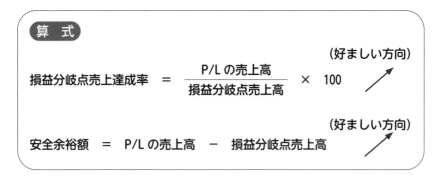

それでは、この算式を使ってモデル会社G社の「損益分岐点売上達成率」と「安全余裕額」を計算してみましょう。

$$損益分岐点売上達成率 = \frac{480百万円}{400百万円} \times 100 = 120\%$$

$$安全余裕額 = 480百万円 - 400百万円 = 80百万円$$

上記の計算のようにG社では、損益分岐点売上高を実際の売上が20%、金額でいうと80百万円も上回っています。

もし、翌期も固定費と変動費率が当期と同じ場合、売上金額が80百万円以上減少（減収）しますと翌期の決算は赤字に転落します。

これらの数字が高い会社は、少しくらい売上が減少しても赤字になることはありませんので、それだけ余裕のある経営といえます。

また、当然、損益分岐点を大きく上回っていることになりますので、収益性も高い会社ともいえます。

以下は数字の目安になります。是非皆さんの会社も計算の上、ご確認ください。

数字の目安

[損益分岐点売上達成率]

| 優良企業 | 125%以上 |
| --- | --- |
| 安全企業 | 110%～125%未満 |
| 要努力企業 ～ 普通企業 | 105%～110%未満 |
| 要注意企業 | 100%～105%未満 |
| 赤字企業 | 100%未満 |

会社は「損益分岐点売上高」を大きく上回ると利益が多く出ます。逆に「損益分岐点売上高」を少ししか上回っていない場合には利益はあまり出ま

3. なぜ「損益分岐点」を知ることが大切なのか　　241

せん。

この仕組みを**図表9**を使って解説していきます。

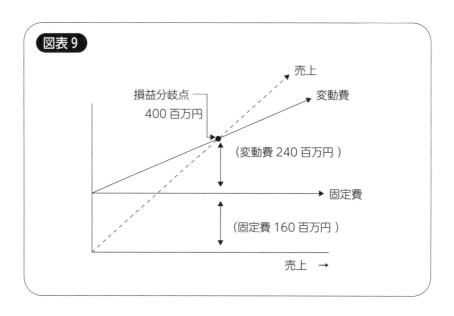

今回のG社の損益分岐点は、400百万円です。会社の経費は必ず「変動費」と固定費に分解されます。G社の売上が400百万円の時（**図表9**）、「変動費240百万円」「固定費160百万円」になり、利益は0円になります。

売上高400百万円 　－　 変動費240百万円 　－　 固定費160百万円 　＝　 0円

実際の売上が損益分岐点売上高を超えると、売上の直線と変動費の直線に差が出ます。この差が利益です（**図表10**参照）。

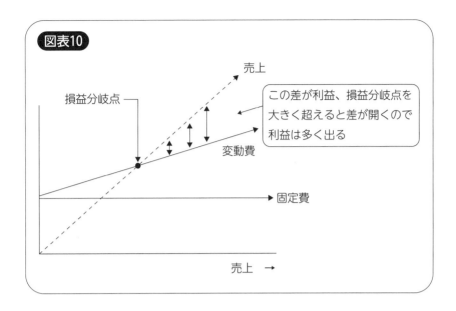

　例えば、損益分岐点売上高を１％超えた場合は利益になりますが、その差が開いていないので利益は多く出ません。損益分岐点売上高を15％、20％、25％と大きく超えると、その差が開くので利益は多く出ます。

　損益分岐点売上高を実際の売上が大きく超えると利益が多く出る仕組みをご理解いただけたでしょうか。

　逆に実際の売上が損益分岐点売上高を下回ると、会社は赤字（損失）になります。Ｇ社の場合、売上が損益分岐点売上高の400百万円を下回ると赤字です。
　**図表11**の売上の直線と変動費の直線の差が赤字額（損失額）になります。

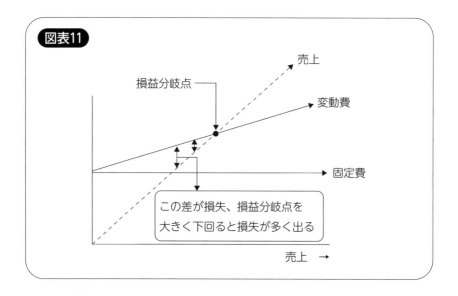

図表11

　例えば、当期は損益分岐点売上高の99.9%まで行ったが0.1%足りない場合、赤字（損失）になりますが赤字額（損失額）はそれほど大きくなりません。

　損益分岐点売上高を5%、10%と下回った場合は、売上のグラフと変動費のグラフの差が開いていきますので赤字額（損失額）は多額になります（**図表11**参照）。

## (2) 損益分岐点比率と安全余裕率

　次に損益分岐点比率と安全余裕率を計算してみましょう。
　損益計算書（P/L）の実際の売上を100にして、損益分岐点売上高がどこにあるかを計算したものが「損益分岐点比率」になります。この損益分岐点比率は100%未満で低いほうが好ましいです。
　下記に「数字の目安」を記載しましたので、皆さんの会社の現状を是非ご確認ください。

> **算 式**
>
> $$損益分岐点比率 \ = \ \frac{損益分岐点売上高}{P/L\ の売上高} \ \times \ 100$$
>
> **（好ましい方向）** ↘

　そして、100％から上記「損益分岐点比率」をマイナスした数字が「安全余裕率」になります。
　「安全余裕率」は、それだけの売上が減少（減収）すると利益が飛んでしまうという比率です。

> **算 式**
>
> **（好ましい方向）** ↗
>
> $$安全余裕率 \ = \ 100\% \ - \ 損益分岐点比率$$

　モデル会社Ｇ社の場合、現在の売上が16.67％ダウン（減収）になると利益は０円になり、売上が16.67％超ダウン（減収）しますと赤字（損失）になります。

$$損益分岐点比率 \ = \ \frac{400百万円}{480百万円} \times \ 100 \ = \ 83.33\%$$

$$安全余裕率 \ = \ 100\% \ - \ 83.33\% \ = \ 16.67\%$$

3. なぜ「損益分岐点」を知ることが大切なのか　　**245**

数字の目安

[損益分岐点比率]

| 優良企業 | 80％以下 |
|---|---|
| 安全企業 | 80％超〜90％ |
| 普通企業〜要努力企業 | 90％超〜95％ |
| 要注意企業 | 95％超〜100％ |
| 赤字企業 | 100％超 |

## (3) 「損益分岐点比率」「安全余裕率」等を使ってのアドバイス

　これらの数字で会社の現状を知っておけば、「我が社の経営は大丈夫か」という質問を受けた場合、これらの指数を活用してモデル会社Ｇ社のケースでは、「当社の売上は損益分岐点売上高を20％超えていて利益も順調に出ています。安全余裕率は16.67％で安全余裕額が40百万円ありますので、今後売上が16.67％以上、金額にして40百万円以上減少しなければ利益は確保できます。１か月にすると約333万円（40百万円÷12か月）の売上減少まで耐えられます。」などとアドバイスできますね。

　次ページからは、損益分岐点を使って「固定費をカバーするための売上高の計算」「目標利益を達成するための計算方法」「売上減少時の経費の削減計算方法」など損益分岐点の様々な活用方法をご紹介します。

## 4．「損益分岐点売上高」をこんなふうに活用しよう ——管理会計入門（損益分岐点の応用計算）

　ここでは「損益分岐点の応用計算」として、次のような疑問に答えていきたいと思います。

　「翌期は１店舗出店するので、年間コストが8,000万円上がるが、それをカバーするにはいくら売ればいいだろうか。」

　「今度営業担当者を２人採用し、人件費が年間2,000万円上昇するが、それをカバーする売上は？」
　「翌期の経常利益の目標は6,000万円だが、それを達成するにはいくら売上が必要かな？」
　「近くにライバル店が出店するので、売上が20％ほどダウンするかもしれない。赤字にしないためには経費をいくら削減すればいいか？」

　では、モデル会社Ｇ社の数字を使って具体的に計算していきたいと思います。

### ①　年間コスト（固定費）が8,000万円増加する場合

　新規出店や人員の増員などで固定費が増加した場合、それをカバーするために、いくら売上を上げる必要があるのでしょうか。

　**図表12**では、Ｇ社の固定費が80百万円（8,000万円）増加した場合に損益分岐点売上高がどう変化するかを計算しています（変動費率など諸条件は変わらないものとします。）。

## 図表12

モデル会社　G社　損益分岐点売上高の計算　固定費80百万円 UP

（単位：百万円）

| | | | |
|---|---|---|---|
| 損益分岐点売上高 | （　600　） | 100% | |
| 変動費 | （　360　） | （　60%） | |
| 　限界利益 | A（　240　） | （　40%） | |
| 固定費 | | | |
| 　その他の販売管理費 | （　238　） | | |
| 　支払利息 | （　2　） | B（　240　） | |
| 　経常利益 | A　−　B　=　（　0　） | | |

・限界利益の240百万円（固定費と同額を入れるのが前提。固定費は80百万円
　上がって240百万円になる）を限界利益率の40%で割って損益分岐点売上高
　の600百万円を算出（240百万円　÷　40%　=　600百万円）

・損益分岐点売上高の600百万円に変動費率60%をかけて変動費の360百万円
　を算出
　損益分岐点売上高　−　変動費　−　固定費　=　0円になることを確認
　（600百万円　−　360百万円　−　240百万円　=　0円）で検算 OK

　まずG社の固定費、その他の販売管理費を80百万円増加させて238百万円
とします。固定費合計も80百万円増加しますので240百万円になります。

　先ほどと同様に固定費合計の240百万円を限界利益率の40%で割りますの
で、この場合の損益分岐点売上高は600百万円になります。

　**図表8**の損益分岐点売上高は400百万円ですので、G社では固定費が80百
万円増加しますと損益分岐点売上高は200百万円増加します。

248　第4章　損益分岐点売上高の計算、管理会計入門 編

すなわち、G社では、80百万円の固定費をカバーするためには売上が200百万円必要になります。

　また、次のように考えることもできます。増加した損益分岐点売上高200百万円を増えた固定費の80百万円で割ると2.5倍という数字になります。
　G社では固定費が増加すると、その2.5倍の売上が必要となります。
　またこの数値は、100％÷限界利益率でも算出できます。

　G社では、100％÷限界利益率40％＝2.5倍と計算できます。

　この計算は、皆さんの会社の限界利益率を計算すれば、簡単に算出できます。

　例えば、限界利益率が30％の会社は、100％÷30％＝3.33倍、限界利益率が20％の会社は、100％÷20％＝5倍になります。

　この計算結果からG社では、例えば年収500万円の人を2人雇った場合、その2.5倍の2,500万円の売上を出してはじめて損益ゼロになるという計算になります。

　このような計算を使って、「今度広告宣伝で200万円使うけれどいくら売り上げれば採算がとれるのだろうか？」と質問された場合には、「我が社は2.5倍の売上が必要ですから、500万円の売上が必要です。」、「今回のイベントの売上予想は2,000万円だが、販売促進でいくら使えるのか？」と質問された場合には「2,000万円÷2.5＝800万円までは販売管理費として使えます。」と、G社では解答することができます。

## ②　翌期の経常利益を6,000万円にする目標売上は？

　次に経常利益を60百万円（6,000万円）にする目標売上を計算してみましょう。

4.「損益分岐点売上高」をこんなふうに活用しよう──管理会計入門（損益分岐点の応用計算）　249

```
　図表13

モデル会社　G社　目標売上高の計算　（目標利益　60百万円）

                                          （単位：百万円）

  目標売上高                     （   550   ）  100％
  変動費                        （   330   ）（  60％）
     限界利益            A （   220   ）（  40％）
  固定費
    その他の販売管理費     （    158   ）
    支払利息           （     2   ）B （   160   ）
       経常利益         A  －  B  ＝（   60   ）


・限界利益の220百万円（固定費160百万円＋目標利益60百万円）を限界利益
  率の40％で割って目標売上高の550百万円を算出
  （220百万円　÷　40％　＝　550百万円）
・目標売上高の550百万円に変動費率60％をかけて変動費の330百万円を算出

・目標売上高　－　変動費　－　固定費　＝　経常利益60百万円になること
  を確認
  （550百万円　－　330百万円　－　160百万円　＝　60百万円）で検算 OK
```

**図表13**のように経常利益に目標の60百万円と書き込みます。

　固定費は元の160百万円ですので、この場合「限界利益」は220百万円になります。

　損益分岐点売上高を計算する場合と同様に、限界利益の220百万円を限界利益率の40％で割ると目標売上高の550百万円が計算できます。

　すなわち、経常利益を0円にすると損益分岐点売上高が計算され、経常利益に目標利益を入れると「目標売上高を達成するための必要売上高」が計算

されます。

「翌期は経常利益を6,000万円にしたい。売上はいくら必要か？」と質問された場合には、「必要売上は、5億5,000万円です。年間で今の売上を7,000万円アップする必要があります（**図表13**　目標売上高550百万円 – **図表4** P/L　売上高480百万円＝70百万円）」。

「また、率にすると約14.6％（70百万円÷480百万円≒14.6％）のアップが必要で、月間ですと約584万円（70百万円÷12か月≒5,833千円）の増加が必要です。」と簡単に答えることができます。

## ③　翌期の予想売上が21％ほどダウン、コスト（固定費）をいくら削ればいいか？

最後に売上が減少した場合、固定費をどの程度削減しなければならないかを計算してみましょう。

これはあまりいい話ではありませんが、「近くにライバル店が出店するので、売上が21％ほどダウンし、翌期の売上予想は380百万円（3億8,000万円）ほどになるかもしれない、赤字にしないためには経費をいくら削減すればいいか？」と質問された時の計算です。

G社の「安全余裕率」は、16.67％（P245参照）です。売上が21％下がると損益分岐点売上高を下回るのでこのままでは赤字（損失）になります。

計算過程は**図表14**で解説していますが、この場合には最初の売上予想から記入していきます。

4. 「損益分岐点売上高」をこんなふうに活用しよう──管理会計入門（損益分岐点の応用計算）　251

**図表14**

モデル会社　G社　　売上が380百万円にダウン

(単位：百万円)

| | | | | |
|---|---|---|---|---|
| 来期予想売上高 | | （　380　） | 100% | |
| 変動費 | | （　228　） | （ 60%） | |
| 　限界利益 | A | （　152　） | （ 40%） | |
| 固定費 | | | | |
| 　その他の販売管理費 | （　150　） | | | |
| 　支払利息 | （　2　） | B | （　152　） | |
| 　　経常利益 | A － B ＝ | （　0　） | | |

・この場合には頭から計算するので、翌期予想売上の380百万円に変動費率60%をかけて変動費の228百万円を算出

・限界利益が152百万円になるので、経常利益を0円（トントン）としても固定費は152百万円に抑える必要がある。よって、その他の販売管理費は150百万円と計算される（固定費合計152百万円－支払利息2百万円＝150百万円）。

・つまり、その他の販管費を最低8百万円削減しないと赤字になる（**図表4**その他の販売管理費158百万円－上記その他の販売管理費150百万円＝8百万円）。

　G社では売上が380百万円（3億8,000万円）に減少すると固定費を800万円減少する必要があります。どのような経費をどのくらい削減するかは、社長など経営幹部の判断によりますが、G社では売上が3億8,000万円に減少した場合、固定費を年間800万円以上、月ですと約67万円（8百万円÷12か月≒667,000円）削減しなければ赤字に陥ります。

252　第4章　損益分岐点売上高の計算、管理会計入門 編

## 5．すべての会社に共通する「利益を出す3つのポイント」

ここでは、すべての会社に共通する「利益を出す3つのポイント」について解説します。

その1つ目は「売上の増加」です。P243の**図表10**で解説しましたが、売上が増加しますと変動の直線との差が開きますので利益が多く計上されます。

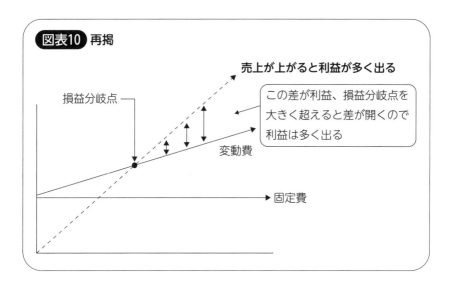

2つ目は「固定費の削減」又は「固定費のコントロール」です。

P251の事例のように売上が減少する、又は売上が頭打ちの局面で利益を確保するには「固定費の削減」が必要になりますが、売上が増加する局面ではどう固定費をコントロールするかが重要になります。

3つ目は、「変動費率の引下げ」「限界利益率の引上げ」になります。

以下、「固定費のコントロール」及び「変動費率の引下げ」「限界利益率の
引上げ」について、具体的数字を使って解説します。

## ①　固定費のコントロール

　前にもお話ししましたが、売上が減少する、又は売上が頭打ちの局面では
利益を確保するには「固定費の削減」が必要になり、売上が増加する局面で
はどう固定費をコントロールするかが重要になります。

　売上が増加し、固定費が減少すれば利益はより多くなりますが、実際には
難しいと思います。

　具体的な計算を**図表15**で試算してみましょう。モデル会社Ｇ社では、翌期
の売上を520百万円と計画しました。その結果、限界利益は今期と比較して
16百万円増加します。

　**ケースⅠ**では、限界利益の増加が16百万円に対し固定費の増加を８百万円
に抑えられたので経常利益を現在に対して８百万円増加させることができま
した。

　逆に**ケースⅡ**では、限界利益の増加が16百万円に対し固定費が24百万円増
加しているので、経常利益は逆に８百万円減少しています。
　すなわち、

　　**限界利益の増加額　＞　固定費の増加額　　　利益は増加**

　　**限界利益の増加額　＜　固定費の増加額　　　利益は減少**

となりますので、売上が増加する場面では、固定費をどうコントロールする
かが重要になります。

254　　第４章　損益分岐点売上高の計算、管理会計入門 編

**図表15** 固定費をコントロールして利益を確保しよう

モデル会社Ｇ社の現在の状況

（単位：百万円）

| | | |
|---|---|---|
| 売上高 | （ 480 ） | 100% |
| 変動費 | （ 288 ） | （ 60%） |
| 限界利益 | （ 192 ） | （ 40%） |
| 固定費 | （ 160 ） | |
| 経常利益 | （ 32 ） | |

（注）変動費、固定費は合計で表示。
下記試算では変動費率、限界利率は同率で計算。

**（ケースⅠ）** 売上520百万円で
固定費が8百万円増加した場合

（単位：百万円）

| | | |
|---|---|---|
| 売上高 | （ 520 ） | 100% |
| 変動費 | （ 312 ） | （ 60%） |
| 限界利益 | （ 208 ） | （ 40%） |
| 固定費 | （ 168 ） | |
| 経常利益 | （ 40 ） | |

※　経常利益は8百万円増加

**（ケースⅡ）** 売上520百万円で
固定費が24百万円増加した場合

（単位：百万円）

| | | |
|---|---|---|
| 売上高 | （ 520 ） | 100% |
| 変動費 | （ 312 ） | （ 60%） |
| 限界利益 | （ 208 ） | （ 40%） |
| 固定費 | （ 184 ） | |
| 経常利益 | （ 24 ） | |

※　経常利益は8百万円減少

## ②　「変動費率の引下げ」「限界利益率の引上げ」について

　損益分岐点の計算から見ますと「変動費率」の増加や減少、「限界利益率」の増加や減少によって利益も増減します。

　**図表16**の損益分岐点売上高のグラフで説明します。
　「変動費率」が下がりますと変動費の直線の角度が下がります（**図表16－A**　変動費直線の下の点線）。よって売上の直線と早く交わるため、損益分岐点売上高が下がります。
　したがって同じ売上の場合、損益分岐点売上高が低いほうが利益は多く出ます。

　逆に「変動費率」が上がりますと、変動費の直線の角度が上がります（**図表16－B**　変動費直線の上の点線）。よって売上の直線との交わりが遅くなるため、損益分岐点売上高が上がります。

　したがって、同じ売上の場合、損益分岐点売上高が高いほうが利益は少なくなります。

256　第4章　損益分岐点売上高の計算、管理会計入門 編

**図表16** 変動費率の増減による損益分岐点売上高の変化

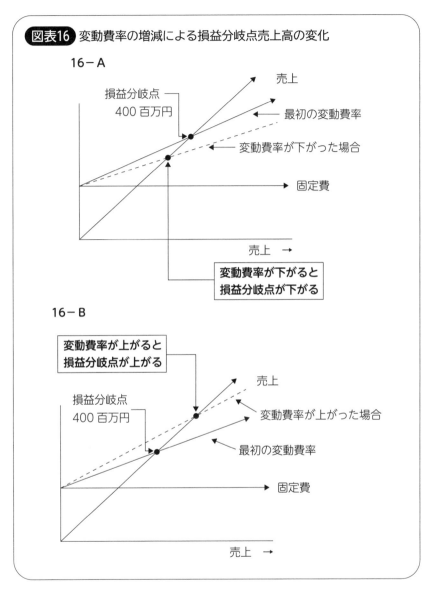

この「変動費率の引下げ」の具体的方法は以下の通りです。

・小売業、卸売業の場合には、なるべく安い所から仕入れるなど仕入価額、売上原価の引下げを図る。

・売価を見直し、売価を上げて「売上原価率」を下げる。

・新製品、新商品を発売し、売価の改善を図る。

・売価はそのままで内容量を減らす（シュリンクフレーション）。

・クレジットカードの手数料を見直す。

・製造業、建設業の場合には、なるべく安い原材料費、外注加工費に切り替える。

・飲食店では食材の無駄をなくし「フードコスト（食材費率）」を引き下げる。　　など

逆に「変動費率が上がる」ときの代表的なケースは以下の通りです。

・価格競争に巻き込まれて無理な値下げを行う。

・正規の値段で販売できず、バーゲン、クリアランス販売の比率が高まる。

・原材料の高騰、仕入価格の上昇を販売価格に転嫁できない。

・飲食店で食材ロスが多額に発生する。　　など

---

**学習のポイント**　**利益を出す3つのポイント！**

損益分岐点の観点から見ると、どの会社にも共通する利益を出すポイントは次の3つになります。

　1　売上高の増加

　2　固定費のコントロール（又は削減）

　3　変動費率の引下げ（限界利益率の引上げ）

# 6．事業の採算性について

　最後にこのプロジェクトを行うか否かの事業の採算性について考えてみましょう。

　**図表17**はセミナー会社の事例です。セミナー会社では**図表17**のようにセミナーごとに収益を出しています。

　セミナーの変動費は、講師料、教材費、昼食を出す場合には受講生のお弁当代になります。

　固定費はセミナー会社の支払家賃、スタッフの給与、募集チラシなどの集客コスト、机・椅子・プロジェクターなど減価償却費になりますが、この固定費をセミナーごとに賦課していきます（**図表17**参照）。

　セミナーＡは利益が出ていますので当然実施できます。

　セミナーＢは変動費をカバーできていませんので中止です。理由は、セミナーＢを中止すれば講師料、教材費などの変動費が不要になるからです。

　新しいセミナーの場合、初回の採算は度外視して行うことはありますが…。

　問題となるのはセミナーＣです。**図表17－1**を見ますとセミナーＣは赤字になっていますが、セミナーＣを中止しますと全体では利益が減少します（**図表17－3**参照）。

　セミナーＣは売上が変動費を上回っており限界利益が30万円出ています。この限界利益はその分固定費をカバーすることができます。このセミナーＣを中止にすると、このセミナーＣでカバーしていた固定費の30万円を他のセミナーで穴埋めする必要が出てきます。

　固定費はセミナーＣを行っても中止にしても、どちらでもかかります。

　限界利益のことを別名「貢献利益」といいます。その分固定費のカバーに貢献しているからですが、もしかしたら「限界利益」より「貢献利益」とい

6．事業の採算性について　259

う名称のほうがしっくりくるかもしれませんね。

　以上のことから、セミナーのようなプロジェクトで考える場合、変動費を
カバーできないようなプロジェクトは中止し、変動費を上回り限界利益（貢
献利益）が出ているものはその分固定費をカバーでき、実施すれば利益が最
も大きくなる方法になります（**図表17－2**参照）。

　もう1つの注意点は、変動費を上回る場合でも価格競争による値崩れ、注
文を取るための無理な値下げは禁物です。理由は一旦値崩れすると価格をも
とに戻せないからです。
　以前マクドナルドが平日限定でハンバーガーを半額にしましたが、元の価
格に戻せなくなり赤字に転落したことがあります。
　また、**図表16**で解説しましたが、価格競争などによる値下げは「変動費率
の引上げ」につながり、利益に与える影響が思ったよりも大きいので注意が
必要です。

　結論になりますが、「変動費を上回り限界利益（貢献利益）があるものは
行う価値がありますが、価格競争に巻き込まれ値段を戻せないような値下げ
はやめたほうがいい」ということになります。

260　　第4章　損益分岐点売上高の計算、管理会計入門 編

**図表17** セミナー会社の事例で採算を考えてみよう

**17-1　全てのセミナーを開催した場合**　　　　　　　　　　　（単位：万円）

| | セミナーA | セミナーB | セミナーC | 合計 |
|---|---|---|---|---|
| 売上 | 250 | 25 | 70 | 345 |
| 変動費 | 50 | 30 | 40 | 120 |
| 　限界利益 | 200 | △5 | 30 | 225 |
| 固定費 | 50 | 50 | 50 | 150 |
| 　利益 | 150 | △55 | △20 | 75 |

**17-2　セミナーBを中止した場合**　　　　　　　　　　　　　（単位：万円）

| | セミナーA | セミナーB | セミナーC | 合計 |
|---|---|---|---|---|
| 売上 | 250 | （中止） | 70 | 320 |
| 変動費 | 50 | | 40 | 90 |
| 　限界利益 | 200 | | 30 | 230 |
| 固定費 | 50 | 50 | 50 | 150 |
| 　利益 | 150 | △50 | △20 | 80 |

**17-3　セミナーBとセミナーCを中止した場合**　　　　　　　（単位：万円）

| | セミナーA | セミナーB | セミナーC | 合計 |
|---|---|---|---|---|
| 売上 | 250 | （中止） | （中止） | 250 |
| 変動費 | 50 | | | 50 |
| 　限界利益 | 200 | | | 200 |
| 固定費 | 50 | 50 | 50 | 150 |
| 　利益 | 150 | △50 | △50 | 50 |

6．事業の採算性について　　261

# 7．おわりに

　以上、損益分岐点の計算からその応用計算までいろいろな事例を使って解説しました。これらの計算はたくさんの算式を使いますので文章を読んだだけではなかなか理解が難しいと思います。

　今回は計算も簡単な数字を使っていますので、是非の皆さんも電卓を使いながら学習してほしいと思います。

　損益分岐点の計算からその応用計算までの知識が身に付きますと、「管理会計」の知識の重要な内容を習得したといえるでしょう。

## 〈著者紹介〉

## 松田 修 （まつだ おさむ）

税理士松田会計事務所所長
昭和61年税理士試験合格。
村田簿記学校講師（法人税法・簿記論担当）を経て、税務会計のプロ集団
「辻会計事務所（現辻・本郷税理士法人）」に入所。
平成５年税理士松田会計事務所設立。
現在、簿記・税務・会計の専門スクール「麻布ブレインズ・スクール」の代
表を務めるほか、各種実務セミナー講師として活躍中。

### 【主な著書】

『経営に役立つ管理会計』『いまこそ再認識！資金繰りとキャッシュフロー』
（税務研究会出版局）、『Q&A で基礎からわかる固定資産をめぐる会計・税
務』『［実務入門］Q&A 国際税務と海外勤務者・非居住者の税金』『経理担
当者のための税務知識のポイント』『挫折しない簿記入門』（以上、清文社）、
『はじめてわかった決算書プロのコツ』『勝つ会社プロのコツ』（以上、リイ
ド社）、『会社のお金がとぎれない！ 社長の「現ナマ」経営』（すばる舎リ
ンケージ）、『よくわかる決算書の鉄則と読み方』（秀和システム）など多数。

　　麻布ブレインズ・スクールでは、経理担当
者のスキルアップのために「プロ経理養成講
座」の動画を公開しています。以下のホーム
ページから無料でご視聴いただけます。

http://www.azabu-brains.co.jp/

本書の内容に関するご質問は、税務研究会ホームページのお問い合わせフォーム（https://www.zeiken.co.jp/contact/request/）よりお願い致します。なお、個別のご相談は受け付けておりません。

本書刊行後に追加・修正事項がある場合は、随時、当社のホームページ（https://www.zeiken.co.jp/）にてお知らせ致します。

---

簿記知識ゼロから決算書・キャッシュフロー・CVP分析を理解する方法

令和6年9月15日　初版第1刷印刷

令和6年10月1日　初版第1刷発行

（著者承認検印省略）

Ⓒ　著　者　松　田　　修

発行所　税 務 研 究 会 出 版 局

週 刊 「税務通信」 発行所
「経営財務」

代表者　山　根　　毅

〒100-0005

東京都千代田区丸の内1-8-2　鉄鋼ビルディング

https://www.zeiken.co.jp/

乱丁・落丁の場合は、お取替え致します。印刷・製本　三松堂株式会社

カバーデザイン　青木　汀（株式会社ダイヤモンド・グラフィック社）

ISBN978-4-7931-2838-7